TEFILÁ LANÍ
PARA
PÉSAJ

Con las Meditaciones de
EL Arí Z"l, HaRashash, HaRamjal,
HaBaal Shem Tov, y HaRij

por
El Cabalista
Rav S. P. Berg
Director de
The Kabbalah Centre International

Editado por
Rabí Yehudá Berg

Titulo original en ingles: The Kabbalah Pesach Haggada

Publicado por Kabbalah Publishing™

Director Rav Berg

1-800-kabbalah (522-2252)
www.kabbalah.com

155 E. 48th St., New York, NY 10017 (212 644 0025)
1062 S. Robertson Blvd., Los Ángeles, CA 90035 (310 657 5404)

Primera Edición en Inglés 1999
Primera Edición en español 2004

ISBN: 1-57189-253-2

Impreso en: USA

"קרוב ה' לכל קוראיו, אשר יקראהו באמת"

בזכות תפילת אמת לפי הקבלה, ספר הזהר ורבי שמעון בר יוחאי

וזכות הדפסת ההגדה של פסח יגנו על כל משפחת

אדדא

ברכה, הצלחה, אושר ועושר, שמחה בדרך של האור

למיכאל (מישל) בן אריה

מוריה בת אברהם

ענבל אברהם בן מיכאל

נטשה לאה בת מיכאל

אוריאל ישראל בן מיכאל

ולכל המשפחה

אריה בן מוריס משה

פאני צפורה בת אברהם

אליאן בת אריה

ושגב ושני

ולהבדיל שתהא נשמתו צרורה בצרור החיים

לעילוי נשמת

אליהו בן מיכאל

"ויאמר משה אל העם אל תיראו התיצבו וראו את ישועת ה' אשר יעשה לכם היום, כי אשר ראיתם את מצרים היום לא תוסיפו לראותם עוד עד עולם..." (שמות פרק 14 פסוק 13)

כשם שזכינו לגאולת מצרים, כן נזכה לגאולת עולם במהרה בימינו, אמן.

El Campo de los Sueños

Imagina reunir a 18 personas en un campo de béisbol. Cada una de ellas está bendecida con enorme habilidad y talento, del nivel de Babe Ruth, Sandy Koufax y Max McGuire.

Supón que se les entrega el equipo completo para jugar el juego. Sólo hay una cosa que falta: las reglas. Ninguno de ellos tiene la más remota idea de lo que es el béisbol o cómo jugarlo. Imagina lo que sucedería si no se les permitiese abandonar el campo en tanto no hayan finalizado un partido completo. El resultado sería un absoluto caos: peleas, gritos, frustración, abandono. Por el otro lado, si se les dieran a conocer las reglas, estas 18 personas se convertirían en magníficos jugadores de béisbol.

Hay un juego mucho más antiguo que el béisbol. Se llama vida. Y las reglas para este desafiante juego fueron registradas en un antiguo manuscrito hace unos dos mil años. El libro de reglas se llama El *Zóhar*, el cuerpo definitivo del conocimiento de la Cabalá.

De acuerdo con el *Zóhar*, hay dos reglas de oro en este juego de la vida. Antes de revelarlas aprendamos primero cómo y porqué este juego llegó a existir.

La Vida, de Acuerdo a la Cabalá

Antes del origen de nuestro universo físico, había una infinita expansión de energía. Esta energía llegaba tan lejos como la eternidad. La naturaleza de esta fuerza de energía era compartir. Su esencia era la satisfacción infinita.
Esta ilimitada fuerza de energía es a menudo llamada Dios. Los iluminados cabalistas prefirieron llamar a esta fuerza de energía, la Luz. Por dos razones:

1. Al igual que la luz de un foco instantáneamente se expande y llena toda una habitación oscura, esta Luz se expande y llena todo el infinito.
2. Al igual que la luz blanca del sol contiene todos los colores del espectro, la Luz contiene todos los tipos de satisfacción que uno pudiera desear.

La creación de la vasija

Para expresar su naturaleza de compartir, la Luz creó un recipiente, una vasija, para poder así impartir toda Su satisfacción. La única naturaleza de esta Vasija era un infinito *deseo de recibir*. En otras palabras, para cada tipo de placer emitido por la Luz, existía un deseo de recibir correspondiente dentro de la Vasija. Este reino de Luz y Vasija es llamado el Mundo Infinito.

A la Vasija también se le conoce por un nombre clave. Muy probablemente lo hayan escuchado antes: el nombre clave para la Vasija es Adam (*Adán*). Todas las almas de la humanidad a través de todos los tiempos fueron parte de la Vasija/Adam original. Fuimos una sola alma de la misma manera que los siete colores del arco iris están unificados dentro de un haz de luz blanca solar.

El ADN de Dios

Cuando la Luz creó la Vasija, la Vasija heredó los atributos de su Creador, uno de los cuales era compartir. En el Mundo Infinito, la Vasija no tenía nadie con quién compartir; por lo tanto, la Vasija no podía expresar ese rasgo divino que había "heredado".
Esta imposibilidad no permitía a la Vasija experimentar la satisfacción total, lo cual creaba en cierto modo un problema ya que experimentar satisfacción total fue la

razón por la cual se creó la Vasija en primer lugar.

Fue entonces cuando ocurrió algo realmente notable: La Vasija *paró* de recibir la Luz para tener la oportunidad de expresar su propia naturaleza de compartir.

Este acto de rechazar la Luz disparó el Big Bang, origen de nuestro universo. De la misma manera que un padre amoroso retrocede para permitir a su hijo caer hasta que finalmente aprenda a caminar por sí mismo, la Luz apartó su resplandor y creó un espacio vacío en el instante en que la Vasija dijo: "Gracias, pero no. Me gustaría generar un poco de Luz por mí misma."

Al igual que un amoroso padre se hace a un lado para permitir a su hijo la libertad de aprender el negocio familiar para que algún día el muchacho pueda hacerse cargo de él con una sensación de logro, la Luz le dio a la Vasija el espacio (literalmente hablando) para aprender a desarrollar su inherente cualidad divina de compartir.

En un proceso, cuya descripción está más allá del alcance de esta Hagadá, la única Vasija infinita se rompió entonces en un sin fin de pedazos de diferentes tamaños y grados. Toda la materia en nuestro universo - desde los átomos a las cebras, desde los microbios a los músicos - es un pedazo de la Vasija original. Cada uno representa un diferente nivel de un *deseo de recibir.*

La única diferencia entre una piedra y una persona es el grado de su *deseo de recibir* Luz. Eso es lo que hace una Vasija. Ella recibe Luz. Mientras más Luz recibe, más compleja es la entidad. Mientras más compleja la entidad, mayor el nivel de conciencia. Un ser humano es más complejo que una hormiga. Una vaca posee un estado de conciencia más elevado que una roca.

El significado de la Vida

Usted, lo mismo que todas las personas en este planeta, es parte de la Vasija. Y vinimos aquí para aprender cómo transformarnos en Dios, para liberar a la naturaleza Divina incrustada en el ADN de nuestra alma. Podemos alcanzar esa transformación a través de nuestras interacciones con las demás personas en el juego de la vida.
Nuestro propósito en este mundo, (a pesar de que el 99.9% del mundo no lo sabe) es transformar nuestra naturaleza reactiva de recibir egoístamente para servir a nuestro propio ego y a nuestros propios intereses, en una naturaleza proactiva de recibir con la finalidad de compartir con otras personas. Y aunque parezca una tarea suficientemente simple y noble, es una que requiere de fuerza de voluntad casi sobrehumana y de autorrestricción.

Y ahora bien, ¿Por qué es así? ¿Por qué es tanto más fácil reaccionar con ira que poner la otra mejilla y ser proactivo? ¿Por qué es la avaricia mas divertida que la generosidad?

La Fuerza de Resistencia

Para fortalecer nuestro tejido muscular cuando nos ejercitamos, debe haber resistencia. De igual modo, para fortalecer nuestro "músculo de compartir" necesitamos una fuerza de resistencia. Para ayudarnos a desarrollar y fortalecer nuestro subdesarrollado músculo Divino, la Luz creó una fuerza de resistencia para retarnos a cada paso del camino.

Esta fuerza de resistencia oponente es conocida por la palabra clave *Satán,* también conocida como la Inclinación al Mal. Como quiera que decidas llamarla, la fuerza llamada Satán fue revelada por primera vez en los escritos de los antiguos Cabalistas hace unos 2000 años. Satán no es ese personaje que usa un traje rojo, tiene un trinche y luce dos cuernos brillantes. La suya es una fuerza de resistencia inteligente que reside en nuestra mente racional consciente y nos susurra: "Hazlo" aún cuando sabemos que no debemos hacerlo. Él nos murmura "No lo hagas" cada vez que sabemos que debemos hacerlo.

El nombre de esta fuerza eventualmente se difundió a las otras religiones del mundo. En el proceso, se introdujo la confusión en cuanto a la verdadera naturaleza de esta fuerza y esto llevó a la superstición, al mito y al folklore. El resultado: olvidamos quién era el verdadero oponente en este juego llamado vida.

El Satán se identifica mejor como nuestra naturaleza instintiva, reactiva y egocéntrica. El propósito de nuestro oponente es estimular reacciones dentro de nosotros. Todos aquellos impulsos negativos que pensaste que eran tuyos, bueno, no lo eran. Tu competitividad, envidia, miedo, inseguridad, todo ellos no son sino distintas expresiones de Satán, así como varios tamaños de pesas en una barra para que resistas cuando te entrenas para este juego de la vida. Cada vez que resistimos nuestro impulso de reaccionar, fortalecemos nuestro "músculo" Divino. Mejoramos en el juego. Por el contrario, cada vez que sucumbimos a nuestro deseo de reaccionar, nos debilitamos y fortalecemos a esta fuerza negativa llamada Satán. El juego se vuelve más difícil.

El Poder de la Oscuridad

Esta es una pregunta que podemos hacer: ¿Por qué tenía la Vasija que romperse y descender a este universo físico para cambiar su naturaleza? ¿Por qué la Vasija no podía aprender a compartir mientras vivía en el brillante resplandor del Mundo Infinito? Por dos razones: una, la Vasija no tenia con quien compartir y por eso se dividió en muchas partes para poder aprender a compartir consigo misma. Pero ella no lo sabe. Vestidos con el disfraz llamado *ego*, no nos reconocemos a nosotros mismos en los demás. De esta manera, compartir y cambiar nuestra naturaleza se convierte en una tarea difícil y por lo tanto, meritoria.

Segundo, así como una vela encendida no tiene ningún valor en un día soleado, la Vasija no podía expresar su compartir en un reino que ya irradiaba infinita beneficencia. Así que la Luz colocó una serie de cortinas – diez para ser exactos – para disminuir gradualmente la intensidad de su luminiscencia. Estas diez cortinas son llamadas las *Diez Sefirot.* Con la intensidad de la Luz reducida a un mínimo nivel, la Vasija tiene el terreno perfecto donde puede aprender a dominar el arte Divino de compartir.

El único remanente de Luz que queda en este universo oscurecido es una "luz piloto" que sostiene nuestra existencia. Esta "luz piloto" es la fuerza de vida de un ser humano y la fuerza que da origen a las estrellas, sostiene los soles y pone a las galaxias en movimiento.

Las Reglas

Las dos reglas de oro de este juego son las siguientes:

1. Eliminamos el caos y alcanzamos satisfacción perdurable cada vez que transformamos nuestros deseos reactivos en deseos proactivos de compartir con los demás. Alcanzamos gratificación temporal unida a un eventual caos a largo plazo cada vez que reaccionamos.

2. Ama a tu prójimo como a ti mismo o al menos trata a tus amigos y enemigos con dignidad humana.

Las Armas de Satán

Para hacer el juego más desafiante, a Satán se le entregaron algunas armas extras. Una de esas armas se llama *tiempo*. Satán utiliza el *tiempo* para separar la causa y el efecto. En otras palabras, cuando reaccionamos y nos comportamos negativamente, Satán utiliza el *tiempo* para retrasar las inevitables consecuencias. Este *retraso en el tiempo* nos confunde. Nos hace pensar que en realidad no hay consecuencias para nuestras acciones erradas.

De la misma manera, cuando cerramos nuestro sistema reactivo y nos convertimos en personas proactivas que comparten, la satisfacción que nos merecemos también se difiere en el tiempo. Empezamos a creer que nuestra buena conducta no es recompensada.

Para complicar aún más la confusión, la próxima vez que reaccionemos negativamente, Satán va a volver a manipular el tiempo y nos va a recompensar con la satisfacción que nos ganamos con alguna acción positiva anterior. Empezamos a asociar la conducta reactiva con el placer. Parece como si la conducta egoísta generara satisfacción mientras que la buena conducta produce caos.

Satán puede posponer las consecuencias de nuestras acciones por meses, años, décadas e incluso vidas. ¿El resultado? La vida parece ser un solo enredo incierto y caótico.

Verdaderamente una estrategia brillante y potente.

El propósito de Pésaj

Apenas llegamos a este mundo físico, Satán inmediatamente nos sacó gran ventaja en el juego de la vida. En otras palabras, nos ayudó a convertirnos en una especie totalmente gobernada por el ego y los instintos reactivos.

Fue esta conducta reactiva inducida por Satán la que se convirtió en el origen y la fuente de todo el caos que golpea a nuestro mundo. Caos se refiere tanto a la confusión a nivel personal como al global. Desde la pobreza, las enfermedades y los terremotos, hasta el stress personal, los miedos y las relaciones conflictivas, Satán fue y es la causa oculta y desconocida detrás de todo esto.

Satán tiene un secreto que no quiere que nosotros sepamos: Él no tiene absolutamente ninguna fuerza o Luz propia. Toda su Luz la obtiene de nuestras conductas reactivas.

La verdad es que la humanidad no tenía la más mínima oportunidad de ganar en las primeras rondas de este juego.

Era equivalente a enviar un boxeador amateur de peso liviano al cuadrilátero a luchar contra el campeón mundial de peso pesado.

La humanidad estaba contra las cuerdas. El ego, la avaricia, la auto-indulgencia, la envidia, el odio ocupaban la mente de los hombres. Satán jugaba con una persona por 50 años, construyendo su ego, recompensándolo con ilusiones. Todo esto estimulaba su conducta reactiva, la fuerza de vida de Satán.

Como cualquier buen depredador, él engordó su presa, dándole riqueza, orgullo, la ilusión de control, y cuando menos se lo esperaban, él haló la alfombra de debajo de sus pies. Esta técnica produjo las mayores reacciones negativas que una persona puede tener. Esas reacciones le dieron a Satán la fuerza que necesitaba para el golpe mortal final.

Durante la época de Egipto, este juego alcanzó un punto crítico. Satán tenía el control completo. Nos tenía agarrados por el cuello y no teníamos ninguna posibilidad de ganar. Este es el significado espiritual y la clave oculta en la historia de la esclavitud de los israelitas en Egipto.

Egipto es una palabra clave para nuestro ego y nuestra conducta reactiva. Esclavitud se refiere al dominio total que tenia Satán sobre la humanidad. Estábamos cayendo para la cuenta. Y fue entonces cuando sucedió algo notable. La Luz intervino en nuestro favor. Esta es la fuerza de Pésaj.

De repente 10 descargas masivas de energía espiritual, [designadas por el término clave "10 Plagas"] fueron disparadas a nuestro mundo. La onda de choque hizo tambalear a Satán. Su apretón de muerte quedó roto. De pronto, nos encontramos en iguales condiciones que nuestro oponente. En el momento en el cual su opresión se rompió, el caos se desvaneció. Esto está representado por el éxodo de los israelitas de Egipto y por el estado de inmortalidad que se alcanzó en el Monte Sinaí.

Los Cabalistas nos enseñan que éste no fue el final de Satán. Fue tan sólo una oportunidad para que nosotros recuperemos nuestra posición y emparejemos el terreno de juego. Si reaccionásemos nuevamente, Satán podría continuar drenándonos de nuestra Luz.

El Séder

Todas estas acciones espirituales históricas de Pésaj sirvieron a un propósito diseñado para beneficiarnos en nuestras vidas hoy en día. Ellas crearon una reserva y un banco de energía espiritual que las generaciones futuras pudieran utilizar en sus batallas contra Satán. De aquí el propósito del Séder.

El plato del séder es un microcosmos de nuestra vida y del mundo físico y espiritual.

Nosotros somos el plato y los objetos sobre él corresponden a las 10 Sefirot y a las 10 descargas de energía que sacudieron nuestro mundo allá en Egipto. Cada elemento en el plato de Pésaj es una herramienta y un instrumento específico que nos permite manipular estas 10 fuerzas espirituales.

En nuestra vida personal, a lo largo de todo el año, el Satán nos tiene en un apretón mortal. Controla cada uno de nuestros pensamientos, deseos e impulsos, haciendo virtualmente imposible que consigamos cambiar nuestra naturaleza. Él es tan poderoso que incluso puede instalar dudas en nosotros sobre la realidad de su existencia o sobre la verdad de todas estas explicaciones cabalísticas.

Nuestras acciones durante Pésaj generan suficiente energía en estado crudo como para golpear a Satán con cantidades masivas de corriente espiritual. Rompemos con su ventaja y empezamos el resto del año en igualdad de condiciones. Con Satán golpeado y aturdido habremos eliminado completamente el caos de nuestra vida, ya que Satán es la fuente de todo el disturbio.

Sólo si tiene renovadas fuerzas puede Satán regresar a atacar, y eso sólo sucedería si nosotros le diéramos esa fuerza a través de nuestra insensible conducta reactiva.

Recuerda que Satán no tiene absolutamente ningún poder por sí mismo. Él consigue ilícitamente toda su Luz de nuestra conducta reactiva. Él tiene que alimentarse y nutrirse igual que lo hacemos nosotros. Él es la única entidad en este mundo con la que no debemos compartir.

Esta noche, rompemos el apretón de la muerte, terminamos con el caos e igualamos el puntaje.

Mañana, dependerá de nosotros continuar con este trabajo manteniendo nuestra conciencia espiritual.

El Plato del Séder

Los elementos que encontramos en el Plato del Séder, una vez cargados con la energía de Pésaj se convierten en sofisticados instrumentos que nos conectan con varios niveles de las *Diez Sefirot,* el Árbol de la Vida Cabalístico (ver apéndice).

Jojmá, Biná y Dáat

Las tres Matzot nos conectan con las tres Sefirot superiores: Jojmá, Biná y Dáat[1]. Estas Tres Superiores son la fuente de toda la satisfacción y la bondad que aparecen en nuestra vida.

Moshé fue el único ser humano en alcanzar el nivel de *Dáat.* Los Cabalistas dicen que él era mitad hombre y mitad ángel. Podemos asumir que él logró la condición de ser el más grande profeta que jamás existió gracias a su naturaleza de ángel. Sin embargo, los Cabalistas nos enseñan que su verdadera grandeza se encuentra en la parte de él que era medio humana. Como hombre, Moshé cuidó de cada ser humano. Estaba dispuesto a dar de sí mismo y ayudar a quien quiera que lo necesitase. Aún cuando era el líder de toda una nación, tenía el corazón, el alma y la mente dispuestos a considerar y cuidar de las necesidades de cada una de las personas.

No importa cuan elevados seamos espiritualmente en la vida, nunca estaremos tan alto que perdamos la conexión con las personas, independientemente del nivel en el que pensamos que estén. De hecho, cuando una persona alcanza un nivel de espiritualidad muy elevado, tomar en consideración y ocuparse de cada una de las personas resulta automático. Es esa consideración lo que eleva a una persona en primer lugar. Podemos utilizar esto para medir nuestro propio nivel espiritual. Si pensamos que estamos por encima o somos más importantes que cualquier otra persona, entonces no hemos alcanzado un estado elevado de espiritualidad.

Jésed

Nuestra primera conexión con el Plato del Séder involucra un hueso o pedazo de carne abrasada. Esto representa el sacrificio que se llevaba al Templo durante la festividad de Pésaj y corresponde a la *Sefirá de Jésed.* El nivel de *Jésed* representa y está contenido en el agua y en las acciones de compartir, dar y misericordia. ¿Qué relación tiene esto con el acto de sacrificar un animal?

De acuerdo a los Cabalistas, para poder realmente compartir, necesitamos sacrificar y renunciar a nuestras propias características negativas. Ya que solamente podemos

1. *Dáat* es una *Sefirá* única y no se considera parte de las *Diez Sefirot.* El propósito de Dáat es recolectar la energía cruda de las *tres Sefirot superiores, Kéter, Jojmá y Biná* y combinarlas en una sola fuerza que es transferida a las siete *Sefirot* inferiores. *Dáat* funciona más como una estación de paso que como una *Sefirá* en sí misma.

compartir lo que tenemos, al liberarnos de nuestros rasgos negativos podemos compartir toda nuestra energía positiva con los demás.

Guevurá

El huevo, desafortunadamente representa a la nación Israelita (mientras más hervimos un huevo, más duro se pone.) También representa el nivel de energía conocido como *Guevurá. Guevurá* puede romper este patrón. Todos nosotros nos aferramos a nuestras opiniones e ideas. Mientras más personas se opongan a nosotros más duros nos hacemos y más nos atrincheramos en nuestras propias ideas. Muchas veces sacrificamos lo bueno de una situación si esto nos sirve para validar y reforzar nuestra posición. Nuestra naturaleza es gastar tanta energía como sea necesaria para probar nuestra opinión, tener la razón a cualquier costo. Al hacer esta conexión podemos dominar el valioso arte de conceder.

Ganamos la disciplina de escuchar y aprender de nuestros adversarios en la vida. Obtenemos la fortaleza y la sabiduría para dejar ir nuestras propias ideas y aceptar puntos de vista contrarios que pueden servir al bien común. Esta conexión suaviza la solución de las situaciones en las que nuestra inclinación testaruda sólo consigue herirnos a nosotros y a las personas en nuestra vida.

Tiféret

La *Sefirá* de *Tiféret* es columna central, el balance entre derecha e izquierda. *Maror,* rábano picante (extraordinaria fuerza), es nuestra conexión con esta energía de balance. En la superficie, el *Maror* parece una herramienta muy dura por su picante sabor y sensación de muerte. Sin embargo, si verdaderamente queremos tener logros de relevancia espiritual en este mundo tenemos que soportar un proceso[2] que incluye desafíos e incomodidad. Para algunos de nosotros este proceso es corto; para otros dura toda la vida. Todo el dolor, el sufrimiento, el tormento que soportemos en nuestra vida, en la medida que sea, es parte de este proceso. Sin embargo, nosotros podemos acortar o alargar este proceso con nuestras acciones. Si traemos a nuestras vidas balance espiritual automáticamente acortamos el proceso. Si estamos desbalanceados, inclinados hacia conductas reactivas, entonces extendemos el proceso. Cuando comemos de las hierbas amargas *Maror,* experimentamos el sabor de la muerte de una manera proactiva y recortamos nuestro propio proceso de Tikún, eliminando así el caos de nuestra vida.

Hay aquí otra lección para nosotros: muchas veces, cuando tenemos envidia de otras personas, estamos viendo solamente el resultado final de lo que esa persona posee. Pero, ¿Nos tomamos el trabajo de considerar todo el proceso que tuvieron

2. Esto es conocido en términos cabalísticos como el Proceso de Tikún y se refiere a las correcciones específicas que cada uno de nosotros tiene que realizar en su vida. Estas correcciones espirituales están basadas en acciones negativas que hicimos en esta vida y en vidas pasadas. Cualquier obstáculo que encontremos, cualquier dolor o dificultad que tengamos que soportar es parte de nuestro *Proceso de Tikún.* Nos da la oportunidad de corregir nuestras acciones reactivas del pasado dejando de reaccionar en el presente. Si reaccionamos, entonces volveremos a tropezar con ese mismo obstáculo una y otra vez hasta que finalmente resolvamos el problema. Aquí está el reto: el Satán va a utilizar todos sus poderes para estimular la reactividad en nosotros durante nuestro proceso de Tikún. Satán tiene un casi indestructible dominio sobre nosotros y utiliza éste para encender reacciones emocionales y físicas. Pésaj afloja este apretón mortal de manera que podamos despertar nuestra fuerza interior y detener nuestras reacciones.

aprenderíamos a apreciarlo todo en nuestras propias vidas.

Nétsaj

La conexión con la *Sefirá* de *Nétsaj* está representada por una única mezcla de frutas y especias llamada *Jaróset.* Esta sustancia que parece una mermelada fue formulada por el Cabalista Rabí Yitsjak Luria del siglo XVI. Incrustado en el nombre Jaróset, encontramos el nombre de Rut רות (סוֹז), la figura maternal ancestral del Rey David. Uno de los antepasados de Rut era Moav, un hombre nacido de una relación incestuosa entre un padre y su hija. Debido a sus ancestros, Rut podía haber elegido un camino en el que no tuviera oportunidad de traer ni un poco de Luz espiritual a este mundo, y sin embargo, ella tomó las decisiones que la llevarían a traer al mundo al Rey David quien es la semilla de *Mashiaj*. ¿Qué nos quiere enseñar la Torá con esta historia? Que no importa cuán sombrío y vergonzoso es nuestro pasado, aún así podemos elevarnos a grandes alturas espirituales en el momento que decidamos y nos comprometamos a realizarlo. Cuando comemos el *Jaróset* nos imbuimos con la fortaleza para hacer ese compromiso.

Hod

El *Carpás* (apio o perejil) nos conecta con el reino de *Hod.*

Podemos reacomodar las letras de la palabra *Carpás* de la siguiente manera: ס פּרך

La frase *Sámej Péraj* se refiere al trabajo forzado de las 600,000 personas en Egipto. Este concepto de trabajo forzado en cautiverio es una metáfora para juicio. Remojamos el *Carpás* en agua salada para suavizar cualquier tipo de juicio que aparezca en nuestro camino durante el año siguiente. De acuerdo a la Cabalá, la sal es una fuerza positiva, el agua representa misericordia y la sangre contiene la fuerza de juicio. Vamos a unir todo esto: la hemoglobina en nuestra sangre es una solución salina parecida a la sal. La fuerza espiritual de la sal y el agua nos conecta con la hemoglobina de nuestra sangre. En el momento que comemos el *Carpás* estamos suavizando cualquier juicio que esté pendiendo sobre nosotros3.

Yesod

La conexión con *Yesod* se llama *Jazéret* y está representada en el Plato del Séder por la lechuga romana. *Yesod* es un depósito que recolecta toda la energía de las *Sefirot* que están por encima de él. La Cabalá nos explica que el personaje bíblico Yosef el Probo, representa la *Sefirá* de *Yesod.* Mientras Yosef vivió, él acumuló toda la riqueza del mundo en Egipto y la distribuyó por toda la tierra. Yosef también realiza esta tarea en el plano espiritual a través de la *Sefirá* de *Yesod.* Utilizamos este mismo poder para acumular todos nuestros rasgos negativos y todo el caos que aparece en nuestra vida y combinarlos formando un único blanco. Ahora podemos borrar y hacer desaparecer todo el caos de nuestra vida con un solo disparo desde Pésaj.

Maljut

El plato físico es nuestra conexión con *Maljut*, que corresponde a nuestra existencia

---

3. Los juicios no son necesariamente algo malo. Los juicios también pueden tener un efecto positivo al ayudarnos a encaminarnos a un estilo de vida más espiritual [siempre y cuando aprendamos de nuestras dificultades y reconozcamos el funcionamiento del principio de causa y efecto en el universo]. Por ejemplo, un padre amoroso que reprende a su hijo por una mala conducta, es juicio productivo y suavizado. Por el contrario, todo tipo de tragedia personal es un juicio severo sin ningún tipo de suavizamiento. Nuestra conexión con el *Jaróset* suaviza todos los juicios que nos corresponden por causa de nuestras acciones negativas en el pasado.

material. El plato en sí no tiene ningún valor spiritual. Son los elementos espirituales que contiene los que determinan el valor del plato. De la misma manera, nosotros no tenemos sustento espiritual propio en este mundo físico. Nosotros obtenemos toda nuestra energía espiritual de las *Sefirot* a las que nos conectamos con el uso de los elementos contenidos en el Plato del Séder[4].

סדר הקערה לדעת רבינו האריז"ל:

A continuación se muestra la manera apropiada de acomodar el Plato de Pésaj según el Arí, bendita sea su memoria.

חכמה בינה דעת

Jojmá Biná Dáat

שלוש מצות

Las tres Matzot

Cohen – Leví - Israel

4. El Plato del Séder es un microcosmos de nuestra vida y del mundo físico y espiritual. Nosotros somos el plato, y los elementos que éste contiene corresponden a las Diez Sefirot en los mundos superiores. Cada elemento en el Plato del Séder es una herramienta y un instrumento específico que nos permite manipular las fuerzas espirituales que gobiernan el cosmos. Al controlar las Diez Sefirot estamos tomando control de la estación de energía para todo el universo. Como vimos anteriormente, durante todo nuestro año Satán nos tiene prácticamente en un apretón mortal. Él controla cada uno de nuestros pensamientos, cada deseo y cada impulso, haciendo virtualmente imposible para nosotros cambiar nuestra naturaleza. Él es tan poderoso que inclusive puede instilar en nosotros dudas acerca de su existencia o sobthere la verdad de estas explicaciones. Al tomar control sobre la estación de energía podemos abrir el flujo de energía. Esto genera energía pura en estado natural suficiente para tumbar a Satán con cantidades masivas de corriente espiritual. La descarga lo lanzará rodando. Terminamos con su ventaja y empezamos el resto del año en igualdad de condiciones. He aquí la ganancia adicional: con Satán aturdido hemos eliminado todo el caos de nuestra vida, ya que Satán es la fuente de toda negatividad y desorden. La única opción que tiene de regresar con fuerza renovada es cuando le damos fuerza a través de nuestras reacciones negativas. La Cabalá nos enseña que Satán no tiene ningún poder o Luz propia. Él consigue toda su Luz de nuestra conducta reactiva. Él tiene que alimentarse y nutrirse igual que lo hacemos nosotros. Él es la única entidad en este mundo con la que no debemos compartir.

גבורה
Guevurá
ביצה
Beitsá
Un Huevo

חסד
Jésed
זרוע
Zróa
Cuello de pollo asado

תפארת
Tiféret
מרור
Maror
Hierbas Amargas
(Rábano picante)

הוד
Hod
כרפס
Carpás
Apio/Perejil

נצח
Nétzaj
חרוסת
Jaróset
Mezcla de frutas

יסוד
Yesod
חזרת
Jazéret
Lechuga

מלכות
Maljut
והקערה
Hakeará
El Plato mismo del Séder

קַדֵּשׁ. וּרְחַץ. כַּרְפַּס. יַחַץ. מַגִּיד.
רָחְצָה. מוֹצִיא. מַצָּה. מָרוֹר. כּוֹרֵךְ.
שֻׁלְחָן עוֹרֵךְ. צָפוּן. בָּרֵךְ. הַלֵּל ללה. נִרְצָה.

EL PRIMER PASO: EL KADESH

LA PRIMERA COPA DE VINO: ATSILUT

קדש

Se vierten cuatro copas de vino durante el Séder. Estas significan y nos conectan con el nombre de Dios de cuatro letras - El Tetragramatón[5] - y con los cuatro Mundos Superiores en nuestra atmósfera espiritual. Los nombres de estos mundos son Atsilut, Briá, Yetsirá y Asiyá.

Leshem Yijud

Leshem Yijud pretende unificar nuestros pensamientos y nuestras acciones. Muchas veces tenemos el pensamiento de hacer una buena acción. Pero a la hora de actuar nuestras acciones resultan opuestas a nuestra idea e intención original. Hacer dieta y ejercicios son excelentes ejemplos.

Esta conexión unifica nuestros pensamientos y nuestras acciones y por esta importante razón, precede los rezos.

Durante el proceso esperamos hacer un esfuerzo consciente de mejorarnos espiritualmente. Leshem Yijud nos ayudará a mantenernos fieles a nuestros pensamientos e intenciones positivas, especialmente el día siguiente al Séder.

לשם יחוד קודשא בריך הוא ושכינתיה
בדחילו ורחימו ורחימו ודחילו ליחדא שם יוד
קי בואו קי ביחודא שלים יהוה בשם כל ילי
ישראל, הנני מוכן ומזומן לקיים מצות קידוש
ומצות כוס מום ראשון של ארבע כוסות, ויהי
נעם אדני אלהינו ילה עלינו ומעשה ידינו כוננה
עלינו ומעשה ידינו כוננהו:

Para la unificación del Santísimo, bendito sea Él y su Shejiná, con temor y misericordia y con misericordia y temor, para unificar el Nombre Yud Kei con Vav Kei completamente, en el nombre de todo Israel, yo estoy listo y deseoso de aplicar la conexión de Kidush y la conexión de la Primera Copa de Cuatro Copas, y que sea del agrado de HaShem, nuestro Dios, estar sobre nosotros, y sobre la acción de nuestras manos, y establecer la acción de nuestras manos.

---

5. El Tetragramatón es una poderosa combinación de letras hebreas que literalmente transmiten las fuerzas espirituales del Mundo Superior a nuestra existencia física. Estas cuatro letras del Tetragramatón son יהוה.

KIDUSH

El tiempo de nuestra redención es ahora. ¿Qué nos quiere decir realmente esta frase hoy en día? ¿Estamos simplemente celebrando un evento que ocurrió hace más de tres milenios? En realidad, en este preciso momento, nos estamos conectando con la energía que permitió que ocurriese el evento de Pésaj. Desde una perspectiva espiritual, los eventos están sucediendo mientras leemos estas palabras.

Tanto Moshé como Einstein entendieron que el tiempo es una ilusión. Pasado, presente y futuro están realmente conectados en un nivel más profundo de la realidad como una entidad única unificada6.

El Kidush nos conecta con la idea de que no hay tiempo ni espacio. La palabra *Kidush* quiere decir 'sagrado' y ésta es una palabra clave para el reino espiritual de *Ein Sof*, que significa "la nada." Todos los milagros, la libertad y la realización se originan de este reino. "Sagrado" también nos refiere a la palabra "Completo" (En inglés: Holy (Sagrado) también se refiere a la palabra *whole* (completo). N.T.)

Nos conectamos con la palabra *sagrado* al mundo de la nada y a la palabra *completo* porque *Ein Sof* es un reino unificado de absoluta totalidad. No hay fragmentación, no hay tiempo, no hay separación. La fragmentación crea separación entre ayer y hoy. Nuestro mundo físico contiene diversidad y fragmentación, y ésta es la razón por la cual existe el caos y también la segunda ley de la termodinámica que nos dice que todo se hace cada vez más desordenado con el paso del tiempo.

En el reino espiritual de la nada, sólo hay totalidad y unidad. No existen conceptos tales como espacio y tiempo, de manera que no hay lugar ni momento para ningún tipo de caos.

Con este entendimiento, podemos ahora dar el salto al mundo de la nada, trascender el tiempo y el espacio, y hacer contacto con ese mismo poder de milagros, libertad y redención que ocurrieron hace más de 3,300 años.

En Shabat empezamos aquí:

בלוחש: וַיְהִי עֶרֶב וַיְהִי בוֹקֶר

יוֹם נגד, זן הַשִּׁשִּׁי. וַיְכֻלּוּ ע״ב שמות הַשָּׁמַיִם י״פ טל וְהָאָרֶץ

וְכָל צְבָאָם: וַיְכַל אֱלֹהִים ילה בַּיּוֹם נגד, זן הַשְּׁבִיעִי

מְלַאכְתּוֹ אֲשֶׁר עָשָׂה

(Susurrando) *Y fue la tarde y fue la mañana. El sexto día. Y fueron completos los cielos y la tierra y todo su ejército. Y acabó Dios en el séptimo día su obra que hizo,*

6. El tiempo es como una rueda giratoria. El mismo rayo (de rueda) de libertad que ocurrió hace tres mil años en Egipto vuelve otra vez esta noche. Los eventos no pasan por nosotros como si fuera un tren de carga en una sola dirección. Nos movemos a través de la rueda del tiempo, volviendo a visitar los mismos momentos cada año. Lo único que cambia es el "decorado del escenario" para darnos la ilusión de que se trata de un nuevo año y una nueva vida.

וַיִּשְׁבֹּת בַּיּוֹם נגד, זן הַשְּׁבִיעִי מִכָּל מְלַאכְתּוֹ אֲשֶׁר
עָשָׂה: וַיְבָרֶךְ עסמ"ב אֱלֹהִים ילה אֶת יוֹם נגד, זן הַשְּׁבִיעִי
וַיְקַדֵּשׁ אֹתוֹ כִּי בוֹ שָׁבַת מִכָּל מְלַאכְתּוֹ
אֲשֶׁר בָּרָא קנ"א ב"ן אֱלֹהִים ילה לַעֲשׂוֹת:

y reposó en el séptimo día de toda su obra realizada Y Dios bendijo el séptimo día y lo santificó, porque en él descansó de la obra que, al crearla, había realizado.

En cualquier otro día empezamos aquí:

סַבְרִי מָרָנָן:

בָּרוּךְ אַתָּה יְהֹוָהאדניאהדונהי אֱלֹהֵינוּ ילה מֶלֶךְ הָעוֹלָם
בּוֹרֵא פְּרִי הַגָּפֶן:

Con vuestro permiso, mis señores: Bendito eres HaShem, nuestro Díos, Rey del universo, que creas el fruto de la vid.

בָּרוּךְ אַתָּה יְהֹוָהאדניאהדונהי אֱלֹהֵינוּ ילה מֶלֶךְ הָעוֹלָם
אֲשֶׁר בָּחַר בָּנוּ מִכָּל עָם וְרוֹמְמָנוּ מִכָּל לָשׁוֹן
וְקִדְּשָׁנוּ בְּמִצְוֹתָיו. וַתִּתֶּן ב"פ כהת לָנוּ מום יְהֹוָהאדניאהדונהי
אֱלֹהֵינוּ ילה בְּאַהֲבָה אחד (בשבת: שַׁבָּתוֹת לִמְנוּחָה ו) מוֹעֲדִים
לְשִׂמְחָה. חַגִּים וּזְמַנִּים לְשָׂשׂוֹן. אֶת יוֹם נגד, זן (בשבת:
הַשַּׁבָּת הַזֶּה והו. וְאֶת יוֹם נגד, זן) חַג הַמַּצּוֹת הַזֶּה והו. וְאֶת
יוֹם נגד, זן טוֹב והו מִקְרָא קֹדֶשׁ הַזֶּה והו. זְמַן חֵרוּתֵנוּ.
בְּאַהֲבָה אחד מִקְרָא קֹדֶשׁ. זֵכֶר לִיצִיאַת מִצְרָיִם מצר:

Bendito eres HaShem, nuestro Díos, Rey del universo, Quien nos ha elegido sobre todas las naciones, nos ha realzado por encima de todas las lenguas y nos ha santificado con sus preceptos. Y Tú, HaShem, nuestro Díos, nos has dado con amor (los sábados agregamos*: Shabatot para el descanso) momentos designados para el regocijo, festividades y tiempos para la alegría* (en Shabat agregamos*: Este Shabat y) esta Fiesta de las Matzot, este día de suceso sagrado, el tiempo de nuestra libertad, lectura santa, en recuerdo del éxodo de Egipto.*

כִּי בָנוּ בָחַרְתָּ וְאוֹתָנוּ קִדַּשְׁתָּ מִכָּל הָעַמִּים. (בשבת: וְשַׁבָּתוֹת ו) מוֹעֲדֵי קָדְשֶׁךָ (בשבת: בְּאַהֲבָה אוזר וּבְרָצוֹן מהש) בְּשִׂמְחָה וּבְשָׂשׂוֹן הִנְחַלְתָּנוּ.

Pues nos has elegido y santificado sobre todas las naciones. (En Shabat agregamos: *y Shabatot y) Tus santas festividades* (en Shabat agregamos: *con amor y gracia) con regocijo y alegría nos otorgaste.*

בָּרוּךְ אַתָּה יְהֹוָאֲדֹנָהי אהדונהי מְקַדֵּשׁ (בשבת: הַשַּׁבָּת וְ) יִשְׂרָאֵל וְהַזְּמַנִּים:

Bendito eres HaShem, nuestro Díos, que santificas (En Shabat agregamos*: El Shabat y) a Israel y las festividades.*

בָּרוּךְ אַתָּה יְהֹוָאֲדֹנָהי אהדונהי אֱלֹהֵינוּ ילה מֶלֶךְ הָעוֹלָם שֶׁהֶחֱיָנוּ וְקִיְּמָנוּ וְהִגִּיעָנוּ לַזְּמַן הַזֶּה והו:

Bendito eres Señor nuestro Díos, rey del Universo, que nos otorgaste vida y sostén y nos hiciste llegar a este momento.

Bebemos reclinados hacia la izquierda

HAVDALÁ

Cuando Pésaj cae en Shabat, hacemos la Havdalá. Muchas veces las personas que consideramos nuestros amigos, resultan ser nuestros enemigos, en tanto que personas que pensamos son nuestros enemigos son en realidad nuestros amigos. Si compartimos información íntima y personal con nuestros supuestos amigos, en caso que se conviertan en enemigos, serán del tipo de enemigo más peligroso. Por tanto, saber cómo diferenciar entre la bondad y la maldad es vital si queremos alcanzar un sentido de paz y serenidad en nuestras vidas. En este momento estamos adquiriendo un entendimiento más profundo, introspección y mayor conciencia sobre lo que es bueno y malo para nuestra vida personal.

בָּרוּךְ אַתָּה יְהֹוָאֲדֹנָהי אהדונהי אֱלֹהֵינוּ ילה מֶלֶךְ הָעוֹלָם בּוֹרֵא מְאוֹרֵי הָאֵשׁ שאה:

Bendito eres Señor nuestro Dios, rey del Universo, Quien crea la iluminación del fuego.

בָּרוּךְ אַתָּה יְהֹוָהאדניאהדונהי אֱלֹהֵינוּ ילה מֶלֶךְ הָעוֹלָם
הַמַּבְדִּיל בֵּין קֹדֶשׁ לְחוֹל וּבֵין אוֹר רז לְחוֹשֶׁךְ וחשך,
וּבֵין יִשְׂרָאֵל לָעַמִּים, וּבֵין יוֹם נגד, ן הַשְּׁבִיעִי לְשֵׁשֶׁת
יְמֵי הַמַּעֲשֶׂה. בֵּין קְדֻשַּׁת שַׁבָּת לִקְדֻשַּׁת יוֹם נגד, ן
טוֹב והו הִבְדַּלְתָּ. וְאֶת יוֹם נגד, ן הַשְּׁבִיעִי מִשֵּׁשֶׁת יְמֵי
הַמַּעֲשֶׂה הִקְדַּשְׁתָּ. הִבְדַּלְתָּ וְהִקְדַּשְׁתָּ אֶת עַמְּךָ
יִשְׂרָאֵל בִּקְדֻשָּׁתֶךָ: בָּרוּךְ אַתָּה יְהֹוָהאדניאהדונהי
הַמַּבְדִּיל בֵּין קֹדֶשׁ לְקֹדֶשׁ:

Bendito eres HaShem, nuestro Dios, rey del Universo, Quien diferencia entre lo sagrado y lo profano entre la luz y la oscuridad, entre Israel y las naciones y entre el séptimo día y los seis días de trabajo. Tú diferenciaste entre la santidad del Shabat y la de la festividad, y has consagrado el séptimo día por encima de los seis días de trabajo y has distinguido y santificado a Tu Pueblo Israel con Tu Santidad. Bendito eres, HaShem, que distingues entre la Santidad del Shabat y la Santidad de una Festividad

SEGUNDO PASO: URJATS

EL LAVADO DE LAS MANOS

וּרְחַץ

Nos lavamos las manos sin bendición.

La palabra hebrea *Urjats* tiene las mismas letras que la palabra Hebrea *Rotséaj* רוצח que significa "asesino". Queremos asesinar y destruir las fuerzas negativas que crean desastres en nuestras vidas. Al verter agua sobre nuestras manos podemos aniquilar toda nuestra negatividad y toda negatividad que nos afecta directamente en nuestro entorno.

Las manos representan juicio y negatividad porque llevan a cabo nuestras acciones negativas. Con el poder espiritual de purificación del agua lavamos nuestras manos y destruimos toda forma de negatividad.

Hay una ו extra en la palabra *Urjats*. Esta ו [*vav*] extra nos indica la importancia de lavar físicamente nuestras manos en lugar de solamente meditar en ello. Cada vez que halamos Luz necesitamos manifestarlo a través de una acción física. Los buenos pensamientos no son suficientes. Tiene que haber una acción en consecuencia. Como dice el dicho: las acciones hablan más fuerte que las palabras. El acto de lavarse las manos destruye las fuerzas negativas. Pensar en ello solamente nunca obtendrá resultados.

TERCER PASO: CARPÁS

כַּרְפַּס

Podemos reacomodar las letras de la palabra *Carpás* de la siguiente manera: ס פרך
Y nos queda la frase *Sámej Péraj*: "el trabajo duro de las 600,000 personas en Egipto"

Tradicionalmente nos cuentan que la esclavitud y el duro trabajo que los israelitas soportaron incluía azotes, cadenas y un despiadado Faraón que mantenía a los israelitas esclavos en Egipto. La Torá señala, sin embargo, que a los israelitas les iba muy bien en Egipto. Ellos no dejaban de rogarle a Moshé que los llevase de regreso a Egipto cada vez que las cosas se ponían un poco difíciles en el desierto durante el éxodo.

El gran Cabalista el Arí nos explica que el exilio no tenía una naturaleza física. Fue un exilio espiritual. La historia de Pésaj es acerca de la libertad de la negación y el rechazo interior.

En tanto eran esclavos en Egipto, los israelitas no tenían ninguna responsabilidad de sus vidas. Eran victimas. Si algún caos caía sobre ellos no tenían que mirarse en el espejo y acepar su culpabilidad. Es mucho más fácil ser víctima (esclavo) que aceptar la responsabilidad de los problemas de la vida.

Esta mentalidad de víctima era la verdadera esclavitud que ocurría en Egipto. El exilio de los israelitas los guió a una genuina libertad y control sobre el cosmos, pero con libertad y control viene la responsabilidad y eso era una perspectiva incómoda para los israelitas. Éste es el significado espiritual detrás de las constantes quejas y deseos de regresar de los israelitas a Egipto. Ellos trataron de esquivar la responsabilidad que estaba por serles impuesta. Era más fácil para ellos estar esclavizados por el ego y ser víctimas de las circunstancias mientras que su naturaleza reactiva colocaba toda la culpa de su caos en gente y eventos "fuera de su control."

Pero la realidad es ésta: ningún evento está fuera de nuestro control. Y cada uno de nosotros tiene el mismo problema. Nuestra naturaleza reactiva nos ciega a la libertad que nos es posible. Ignorancia es felicidad, como dice el dicho. Es mucho más fácil ser esclavo de la ignorancia y quedarse como víctima que ser liberados de nuestro cautiverio y tomar la pesada responsabilidad que viene con ser dueños de nuestro destino. De repente, tenemos que mirar en el espejo y culparnos a nosotros mismos por cada pizca de caos y pena que nos cae. Pero un momento después que aceptamos esta responsabilidad, tenemos el poder de libertad y control sobre el cosmos en la palma de nuestras manos.

A través del *Carpás,* ganamos la habilidad de ser los dueños de nuestro destino. Ganamos la fuerza para aceptar la verdad espiritual de que sólo nosotros somos responsables de nuestra buena fortuna y de nuestro infortunio.

Podemos preguntar, "¿Cómo puede un pedacito de perejil darnos ese enorme poder de libertad?" Así como un átomo microscópico contiene suficiente energía pura para vaporizar una ciudad completa, la energía espiritual del perejil, durante esta noche única, tiene el poder de vaporizar nuestra naturaleza reactiva. La energía está contenida en las letras hebreas que componen la palabra *perejil.* Comer el perejil es sólo la acción física requerida para traer a manifestación esa energía.

Tomamos un pedazo de apio/perejil, lo mojamos en agua con sal, y decimos la siguiente bendición:

בָּרוּךְ אַתָּה יְהֹוָהאדהנויאהדונהי אֱלֹהֵינוּ ילה מֶלֶךְ הָעוֹלָם

בּוֹרֵא פְּרִי הָאֲדָמָה:

Bendito eres HaShem, nuestro Dios, rey del Universo, Quien crea el fruto de la tierra.

CUARTO PASO: YAJATS

יַחַץ

Esta palabra significa "dividir". Tomamos la *Matzá* física y la dividimos en dos partes. Una parte es el *Aficomán.* La otra la dejamos en el plato del Séder. La lección para nosotros es darnos cuenta que la mitad de nuestra naturaleza es negativa. La otra mitad es positiva.

En cualquier aspecto, somos mitad y mitad. Una acción positiva nos balancea sobre lo positivo. Igualmente, una acción negativa nos hala la otra mitad hacia lo negativo.

El *Aficomán* es considerado la mitad positiva. Ésta es siempre más grande que la otra para mostrarnos que si realizamos una acción positiva, podemos balancear todo hacia el lado positivo. No creamos nunca que Satán y nuestro lado reactivo son más fuertes. Este paso en particular nos ayuda a derrotar a Satán.

Otra lección se refiere a la idea de separar la conciencia del alma de la conciencia del cuerpo. Podemos escoger conectarnos con la esencia de nuestra alma o con los deseos del cuerpo en nuestra vida diaria.

El ser humano tiene tres niveles de energía:

1. Neshamá - el alma (nivel más alto)
2. Rúaj - el espíritu (nivel central)
3. Néfesh - el cuerpo físico (nivel más bajo)

La tendencia natural del cuerpo físico es desear y recibir sólo para sí mismo. Todos nuestros rasgos negativos y atributos impuros tienen su raíz en el cuerpo. Nuestra alma está empapada de rasgos positivos solamente, incluyendo un constante impulso de compartir.

Las decisiones que hacemos en la vida y las acciones que llevamos a cabo deberían siempre tener sus raíces en el nivel medio o espíritu, *el Rúaj.* En el reino del espíritu, tenemos el libre albedrío de escoger a cuál lado queremos conectarnos: al nivel bajo del cuerpo o al nivel alto del alma.

El instinto reactivo natural es escoger siempre el cuerpo, pensando siempre en nosotros mismos. La alternativa es apagar el instinto reactivo del cuerpo y volvernos proactivos. Podemos ejercer nuestro libre albedrío[7] y escoger conectarnos con el nivel alto, nuestra alma, donde empezamos a pensar en otros primero. Podemos hacer un esfuerzo para empezar a aprender cómo compartir y preocuparnos por la gente alrededor nuestro. No porque es moralmente correcto, sino porque compartir es la manera de generar Luz espiritual perdurable en nuestras vidas.

SEPARACIÓN DE LA MATZÁ

El concepto de conectarnos con el nivel más alto del alma se correlaciona con la *Matzá* de arriba. La *Matzá* del centro encarna el nivel del espíritu, mientras que la *Matzá* del fondo representa el cuerpo.[8]

Ahora vamos a usar estos tres instrumentos llamados matzá para ayudarnos a limpiarnos espiritualmente y reprogramar nuestras vidas. La siguiente instrucción dada a nosotros por los antiguos Cabalistas involucra el dividir la *Matzá* del centro. Esta división significa la división y separación entre el bien y el mal. Esto nos da la habilidad de reconocer tanto nuestras tendencias buenas como nuestras tendencias negativas. Cuando hacemos la división, es importante romper la *Matzá* en una pieza grande y en otra pequeña. La mitad más grande de la *Matzá* es conocida como el *Aficomán*.[9]

---

7. El único momento en que nos volvemos verdaderos seres humanos, elevándonos sobre el nivel del reino animal, es cuando ejercemos el gran regalo que el Creador nos dio: el libre albedrío. Contrario a las más filosóficas enseñanzas, el libre albedrío es el atributo más difícil de entender y dominar. Noventa y nueve por ciento del tiempo, no usamos nuestro libre albedrío. Vivimos nuestra vida de una manera puramente robótica, siguiendo ciegamente cada capricho y deseo del cuerpo. Estamos esclavizados a la voluntad reactiva de nuestros egos. El libre albedrío ocurre sólo cuando nosotros escogemos *no* reaccionar a un evento externo. Eso es. Todo lo demás en la vida es meramente una película pregrabada con escenas y personajes designados a disparar reacciones dentro de nosotros. Satán intenta alimentarnos líneas de diálogos y crear escenas que alimentarán y sustentarán nuestros egos. Nuestra meta es salir de la película de Satán y entrar en un papel protagónico en la película producida por el Creador.
8. Esta estructura de tres niveles de las Matzot no es simbólica. No estamos hablando en términos metafóricos. Cada Matzá es un único instrumento y mecanismo para conectarnos a los tres niveles de nuestra propia alma y esencia. Así como la arena en la tierra es usada para hacer los más poderosos microchips en el planeta, el trigo en los campos es utilizado para hacer el más poderoso microchip espiritual: la Matzá.
9. La división de la Matzá tiene otro significado adicional: La naturaleza humana está también dividida. Debemos reconocer que la mitad de nuestra naturaleza es negativa, mientras que la otra es positiva. En cualquier punto dado somos mitad-mitad. Una acción positiva nos balancea sobre lo positivo. Igualmente, una acción negativa nos hala la otra mitad hacia lo negativo. El *Aficomán* es considerado la mitad positiva. Esta es siempre más grande que la otra para mostrarnos que si realizamos una acción positiva, podemos balancear *todo* hacia el lado positivo. No deberíamos pensar nunca que Satán y nuestro lado reactivos son más fuertes. Este escenario particular nos ayuda a vencer a Satán y debilitar su influencia en nuestra vida. Otra idea se refiere a separar la conciencia del alma de la conciencia del cuerpo. En eso yace nuestro libre albedrío. Nosotros podemos escoger conectarnos con la conciencia del alma o con la conciencia del cuerpo cuando un obstáculo o una pena viene a probarnos.

EL *AFICOMÁN*

La mitad más grande de la *Matzá* dividida es conocida como el *Aficomán*. Existe una tradición de esconder el *Aficomán* en algún lugar del cuarto, y todos los niños lo buscarán después de la comida. La parte mas pequeña de la *Matzá* se queda con nosotros. En Cabalá, la tradición no es una razón, por sí misma, de realizar cualquier rito o ritual. Debe haber un beneficio práctico para nuestra vida. Entendiendo el significado espiritual de esta acción, obtendremos percepción de la naturaleza humana y nos ayudará a volvernos más inclinados a la espiritualidad y ser personas más felices.

La pieza más grande de la *Matzá (Aficomán)* representa placer físico, material. La pieza más pequeña representa satisfacción espiritual (y por esta razón es más pequeña).

En los primeros años de vida, el niño está predominantemente hecho de deseo. Cuando un bebé nace, él quiere placer material para él solo: comer, dormir, jugar con juguetes. No hay concepto de compartir o espiritualidad en su naturaleza. El niño instintivamente sabe que si llora conseguirá todo lo que desea. Mientras el bebé va creciendo, esperamos que su deseo por el mundo físico disminuya mientras el deseo por posesiones espirituales se expanda gradualmente. La comida del Séder es un microcosmos de este desarrollo espiritual.

Comemos el pedazo más grande de la *Matzá* -significando nuestro mundo físico - *después* del Séder, debido a que nuestro deseo de comer no nos controla más. Hemos terminado nuestra comida, y esperanzadamente, a través de las herramientas del Séder, hemos purificado nuestra alma y nuestro deseo de recibir para nosotros mismos solamente. Hemos resistido comer el pedazo más grande al comienzo, cuando nuestro apetito está en su punto más alto. Ahora participamos en el mundo físico (significado por comer la *Matzá* grande) sin ningún *deseo de recibir* controlándonos. Esta simple pero poderosa acción espiritual nos llena con la fuerza interna para controlar todo nuestros deseos auto-indulgentes a través de todo el año.

Otro secreto espiritual concerniente a esconder el *Aficomán* tiene que ver con acciones positivas, buenas hazañas, y la forma en la cual nosotros debemos conducir nuestras vidas. Todas nuestras acciones positivas, incluyendo la limosna, deben ser escondidas y ocultas.[10] Una oración recitada en Rosh Hashaná dice que Dios recuerda todo lo que es olvidado. Los Cabalistas explican que Dios recuerda sólo las acciones buenas y valora y cuenta sólo los buenas hazañas que la gente olvidó.[11] Esta conexión del *Yajats* nos ayuda a olvidar nuestras acciones positivas

---

10. La caridad, de acuerdo con la Cabalá, no depende de cuánto uno da sino de cuánto uno da de uno mismo con relación a su situación personal. En otras palabras, la caridad que se da con propósitos de impuestos, placas en una pared, nombres en un edificio o cenas honorarias no tiene valor en el reino espiritual. Mucha gente hace buenas acciones sin preocuparse de lo que otra gente dirá de ellos. La verdadera caridad es cuando vamos más allá de nuestra zona de comodidad y hay un verdadero elemento de sacrificio. Segundo, una acción caritativa debe ser oculta sin ningún reconocimiento o recompensa para el ego. La más alta forma de caridad es cuando una persona da sin nunca saber a quién dio y el que la recibió no sabe quién se la dio a él. Estos tipos de acciones traen bendiciones verdaderas al donador.
11. En lugar de darnos palmaditas en la espalda, constantemente felicitándonos por nuestros actos de caridad, debemos olvidarlos y seguir hacia la próxima acción positiva. El crecimiento espiritual es un constante escalar hacia el siguiente nivel. Quedarse parado o volverse complaciente espiritualmente es como estar en una escalera mecánica que va hacia abajo. Si no nos movemos hacia delante y nos

del pasado, las cuales a menudo nos hacen espiritualmente complacientes, y nos enfoca hacia la próxima ronda de acciones positivas que podamos lograr todavía hoy y mañana.

QUINTO PASO: MAGUID

מַגִּיד

Maguid se deriva de la palabra hebrea para "hablar" y "decir," significando así el poder de la palabra. Nosotros usamos el poder de la palabra cuando recitamos estas historias de la *Hagadá*. El acto de hablar a través de esta sección nos conecta con los 13 Atributos[12] del Creador. Esta conexión nos empapa con la energía de la fuerza de los milagros.

Moshé usó esta antigua meditación Cabalista para impulsar todos los milagros[13] que eran necesarios para liberar a los israelitas de Egipto.[14]

Descubrimiento de las Matzot y Levantamiento del Plato del Séder

El plato del Séder representa la *Sefirá* de Maljut,[15] nuestro mundo físico. El nivel de Maljut también representa la presencia de Dios en este mundo, conocida por el término clave Shejiná.

La Shejiná se materializa en este mundo habitando en el Templo Sagrado en Jerusalem. Desde este único lugar, se transmite la Luz de Dios al mundo entero. Sin

---

quedamos en un sitio, nos caeremos de espaldas. Debemos escalar continuamente la escalera que va hacia abajo, nuestro ego.

12. Los 13 Atributos son 13 virtudes o propiedades que reflejan 13 aspectos de nuestra relación con el Creador. Estos 13 Atributos son cómo interactuar con Dios en nuestras vidas diarias, ya sea que lo sepamos o no. Ellos trabajan como un espejo. Cuando nos miramos en el espejo y sonreímos, la imagen nos sonríe. Cuando nos miramos en el espejo y maldecimos, la imagen nos maldice. Si realizamos una acción negativa en nuestro mundo, el espejo nos refleja energía negativa. Hay 13 Atributos que tienen esas propiedades reflejantes dentro de nosotros. Si intentamos transformar nuestra naturaleza reactiva a proactiva, esta retroalimentación nos dirige, nos guía y nos corrige. El número 13 también representa uno más allá de los 12 signos del zodíaco. Los 12 signos controlan nuestra naturaleza instintiva, reactiva. El número 13 nos da control sobre los 12 signos, lo cual, en esencia, nos da control sobre nuestro comportamiento.
13. Podemos usar esta antigua energía asociada con los milagros para generar milagros en nuestra propia vida. A menudo encontramos difícil liberarnos de hábitos negativos y dañinos. Igualmente, encontramos que los hábitos positivos son casi imposibles de obtener. La energía de los milagros puede darnos la fuerza adicional que necesitamos para alterar nuestras vidas permanentemente de manera que los hábitos negativos y los comportamientos destructivos no controlen más nuestras vidas.
14. *Egipto* es una palabra clave para nuestro ego y *deseo de recibir sólo para nosotros mismos*. Todos nosotros estamos sujetos a esclavitud por nuestra naturaleza reactiva. Es nuestro ego - el Satán- quien es el verdadero dueño de todas nuestras tareas. El Satán es tan bueno en su trabajo que la mayoría de nosotros ni siquiera nos damos cuenta que estamos esclavizados.
15. Las 10 Sefirot son 10 dimensiones que separan nuestro mundo físico del reino del Mundo Infinito, donde la Luz de Dios brilla con infinita iluminación. Ver el apéndice de las 10 Sefirot y la explicación.

el templo físico, la Shejiná no tiene lugar para revelarse. Durante los muchos exilios de los israelitas,[16] incluyendo la expulsión de España en 1492 y el Holocausto en 1942, la Shejiná ha estado también en el exilio. Por esta razón, carecemos del poder de protección de la Shejiná. Al elevar el plato del Séder, estamos ayudándonos a elevarnos a nosotros y a la Shejiná fuera del exilio.[17]

Otra manera de hacer posible esta acción es sentir el dolor de la Shejiná. Una razón por cual la Shejiná no está en el lugar correcto - el templo - es porque nosotros no estamos en el lugar correcto.[18]

Debemos sentir el dolor de la Shejiná debido a que son nuestras acciones negativas en primer lugar las causantes de su exilio.

Después de descubrir las *Matzot*, y elevado el plato del Séder, decimos:

LESHEM YIJUD

Leshem Yijud actúa como una bujía que activa nuestro deseo de conectarnos con la energía espiritual. También sirve como un proceso de preparación, alistándonos para las tremendas corrientes de fuerzas entrando a nuestro mundo.

לְשֵׁם יִחוּד קוּדְשָׁא בְּרִיךְ הוּא וּשְׁכִינְתֵּיהּ בִּדְחִילוּ
וּרְחִימוּ וּרְחִימוּ וּדְחִילוּ לְיַחֲדָא שֵׁם יוּד קֵי בְּוָאו
קֵי בְּיִחוּדָא שְׁלִים יהוה

Para la unificación del Santísimo, bendito sea Él y su Shejiná, con temor y misericordia y con misericordia y temor, para unificar el Nombre Yud Kei con Vav Kei completamente,

16. El exilio de los israelitas se debe a la insensibilidad, intolerancia y celos entre un israelita y otro. El Rav Berg nos enseña que hay dos tipos de celos, uno de cuales es mucho más peligroso y es la causa del exilio. El primer tipo de celos es cuando alguien envidia las posesiones del otro. Puede estar motivada a adquirir posesiones similares, pero la persona celosa no le desea a la otra persona ningún tipo de mal. El segundo tipo de celos el cual, de paso, el Talmud y la Cabalá afirman que es exclusivo de la naturaleza de los israelitas, es cuando una persona tiene las mismas propiedades personales y bienes que su vecino, pero la persona celosa todavía envidia a la otra persona por tener exactamente las mismas cosas que él. En otras palabras, nadie más debería tener nada, sólo él mismo. Este tipo de mala voluntad y celos hacia otros es lo que genera tremendas fuerzas negativas que eventualmente golpean de regreso a la nación israelita.
17. Todas nuestras acciones, incluyendo el levantamiento del plato, no son simbólicas; son herramientas reales y llaves para activar poderosas fuerzas metafísicas que pueden dramáticamente alterar nuestras vidas para mejorar. Tener *certidumbre* en el poder espiritual del ritual es lo que pone esas fuerzas metafísicas en acción. En otras palabras, cuando creemos, logramos.
18. A través de la historia, la gente ha ignorado estas explicaciones de los ritos y rituales de Pésaj. Consecuentemente, faltan la meditación apropiada y la intención cuando se llevan a cabo. Es por esto que el dolor y sufrimiento ha sido la marca de los israelitas por siglos. Cada uno de nosotros debería apreciar que ahora tenemos la Cabalá que por lo menos explica las acciones y las fuerzas espirituales que hay detrás de ellos.

בְּשֵׁם כָּל ילי יִשְׂרָאֵל, הֲרֵינִי מוּכָן וּמְזוּמָּן לְקַיֵּם
הַמִּצְוָה לְסַפֵּר בִּיצִיאַת מִצְרַיִם מצר. וִיהִי נֹעַם אֲדֹנָי
אֱלֹהֵינוּ ילה עָלֵינוּ וּמַעֲשֵׂה יָדֵינוּ כּוֹנְנָה עָלֵינוּ
וּמַעֲשֵׂה יָדֵינוּ כּוֹנְנֵהוּ:

En el nombre de todo Israel, yo estoy listo y deseoso de aplicar el precepto de contar el Éxodo de Egipto, Y que el agrado de HaShem, nuestro Dios, esté sobre nosotros, y establezca la acción de nuestras manos sobre nosotros y establezca la acción de nuestras manos.

HA LAJMÁ ANYÁ

Éste es el pan que comimos en Egipto. El propósito de recitar este verso es entender y absorber la siguiente idea: *Pan* es una palabra clave[19] y un instrumento que se conecta a nuestro ego y nuestra naturaleza reactiva. Esclavitud se refiere a nuestra esclavitud a nuestro ego y deseos egoístas. La *Matzá* es mejor descrita como pan sin ego. Dios no puede darnos 100 por ciento de realización cuando estamos metidos en nuestro propio ego. Vinimos a esta vida física para quitarnos de encima nuestros deseos egoístas.

Recitar estos versos nos despierta a todos los rasgos personales negativos que vinimos específicamente a corregir en esta vida. *Éste es el pan que comimos en Egipto* puede ser traducido en términos espirituales como "Estos son nuestros rasgos negativos [Pan] que nos esclavizan en nuestra vida día a día [Egipto]."

ÉSTE ES EL PAN

La palabra *Anyá* significa "pobre". También se traduce como "el pan del hombre pobre." El *Zóhar* dice que las únicas plegarias que se reciben en el Cielo son las de los pobres. ¿Esto excluye a los ricos de obtener respuesta a sus plegarias? Absolutamente no. Si el hombre rico se da cuenta que puede perder su riqueza en cualquier momento, y que él no es el arquitecto de su propio éxito, él cuadra con la descripción espiritual de un hombre pobre. En otras palabras, debemos incluir la influencia sin límites de la Luz en la ecuación de nuestro éxito financiero. Debemos reconocer que la Luz es la fuente de toda buena fortuna y que Satán manipulará nuestro ego para hacernos creer que nosotros somos los genios atrás de nuestro éxito.

El valor numérico de la palabra *Ha Lajmá Anyá* es igual al valor de la palabra hebrea *Kav Yamín,* que significa "Columna Derecha.[20]" Columna Derecha significa

19. El pan es una poderosa herramienta en la Cabalá. El pan es una conexión directa con nuestra naturaleza reactiva y ego. Así como el pan tiene el poder de expandirse y crecer, nuestro ego tiene la habilidad de expandirse y motivarnos a levantarnos a grandes alturas en el mundo material. La *Matzá* es como el pan sin ego, pan que ha apagado su naturaleza reactiva. Probando la *Matzá,* con las meditaciones y la intención apropiadas, recibimos el poder de apagar nuestro ego de forma que nos podemos liberar de la esclavitud de la conducta reactiva y subir a una gran altura espiritual en nuestra vida.
20. Existen tres fuerzas que constituyen nuestro universo: la fuerza de compartir (Columna Derecha), la fuerza de recibir (Columna Izquierda) y la fuerza del balance

puro compartir y cuidado incondicional. No hay ninguna agenda escondida que nos recuerde que deseamos algo a cambio. El secreto de liberarnos a nosotros mismos de la esclavitud es despertar este tipo de cuidado y compartir con otros sin ninguna condición. Debemos también erradicar cualquier y todo tipo de juicio que podamos hacer a nuestros amigos y enemigos.

El *Ha* en *Ha Lajmá* representa la letra hebrea subrayada *Hei* ה de יהוה, una secuencia de letras hebreas que transmiten la Luz de Dios. La letra hebrea ה se correlaciona con la vasija de la humanidad tal como existimos en este mundo físico. Esto es también conocido como Maljut.[21] Maljut representa ambos, la humanidad y la luna por las siguientes razones: La luna no tiene luz propia. Toda la luz de la luna se deriva de sol. La humanidad tampoco tiene Luz espiritual propia. Nuestra Luz se deriva del Creador a través de nuestras acciones positivas y transformación de carácter.

La Cabalá nos enseña que el Rey David es la personificación de Maljut. Cuando el Rey David nació, él vino sin Luz propia. Estaba destinado a morir en el nacimiento. No obstante, Adam previó esta situación y le dio 70 años de su propia vida, de manera que el Rey David pudo vivir. Por eso, en lugar de vivir 1.000 años, aprendemos que Adám vivió 930 años.

הָא לַחְמָא עַנְיָא דִּי אֲכָלוּ אַבְהָתָנָא בְּאַרְעָא
דְמִצְרָיִם מצר. כָּל ילי דִּכְפִין יֵיתֵי וְיֵיכוֹל. כָּל ילי
דִּצְרִיךְ יֵיתֵי וְיִפְסַח. הָשַׁתָּא הָכָא לְשָׁנָה הַבָּאָה
בְּאַרְעָא דְיִשְׂרָאֵל. הָשַׁתָּא עַבְדֵי לְשָׁנָה הַבָּאָה
בְּנֵי חוֹרִין:

Este es el pan del pobre que comieron nuestros antepasados en Egipto. ¡Que vengan y coman todos los que tengan hambre; que vengan y celebren con nosotros el Pésaj todos los necesitados! Este año aquí. El año entrante en la tierra de Israel. Este año somos aún siervos, el año entrante seremos libres.

(Columna Central). Estas tres fuerzas existen en ambos mundos, el físico y el espiritual. Físicamente, ellas representan el protón (Columna Derecha), el electrón (Columna Izquierda), y el neutrón (Columna Central). Estas tres partículas subatómicas representan nuestro *deseo de compartir* (Columna Derecha), *nuestro deseo de recibir* (Columna Izquierda) y nuestro libre albedrío para balancear estos dos deseos (Columna Central). Necesitamos balancear estas tres fuerzas por las siguientes razones: Una persona que constantemente comparte, sin ningún aspecto de recibir o reabastecer, eventualmente se agota y queda vacía; la persona que recibe constantemente, sin compartir, se sobrecarga con energía y produce un corto circuito. Nuestro propósito en este mundo es anular nuestro *deseo de recibir para nosotros mismos solamente* y transformarlo en *deseo de recibir para compartir.* Compartiendo y recibiendo constantemente, llegamos a un perfecto balance.

21. Ver apéndice sobre las 10 Sefirot.

LA SEGUNDA COPA DE VINO - BRIÁ

Son cuatro copas de vino la que se llenan en el Séder. Estas copas representan y nos conectan con el nombre de Dios de cuatro letras, el Tetragramatón,[22] y con los cuatro Mundos Superiores en nuestra atmósfera espiritual. Los nombres de estos mundos son: Atsilut, Briá, Yetsirá y Asiyá.

MA NISHTANÁ – LAS CUATRO PREGUNTAS

Hay cuatro preguntas que tienen que ver con el motivo por el cual Pésaj es diferente de todas las demás noches. La respuesta tradicional y literal dada en la *Hagadá* es: *nosotros fuimos esclavos en Egipto*.

Esta respuesta no contesta la pregunta de una forma que tenga directa relevancia en nuestras vidas hoy en día. La Cabalá explica que hay una pregunta más profunda que surge de la *Hagadá:* ¿Por qué los sabios ordenaron las acciones de Séder de Pésaj en esta precisa noche? De acuerdo con el calendario hebreo, esta noche, y sólo esta noche hay una única ventana de oportunidad en el cosmos. Las puertas de la prisión y los grilletes son abiertos de repente. Tenemos la oportunidad de escapar y huir de la prisión de nuestro ego. Esta apertura fue creada hace 3.000 años cuando los israelitas fueron liberados de la esclavitud en esta misma fecha. Debido a que la energía nunca se disipa, la energía de libertad regresa cada año en esta noche. Podemos capturar esta energía a través de la metodología de la Cabalá y las acciones del Séder.

Si espiritualmente nos comportamos de la misma manera que lo hicimos en Egipto muchos siglos atrás, podemos liberarnos de la esclavitud que experimentamos hoy en día.[23] Si nos comportamos de la misma manera que todas las noches del año, esta libertad no puede ser alcanzada. Debemos actuar diferente.[24] Las acciones que realizamos durante el Séder poseen el mismo poder y energía espiritual que los israelitas alcanzaron en Egipto. Todo lo que tenemos que hacer es reflejar esos movimientos para capturar la misma fuerza de libertad.

Cualquiera que sea el tipo de año que hayamos tenido, cualquier nivel que hayamos alcanzado espiritualmente, automáticamente estamos en un nivel más alto durante Pésaj. Por ejemplo, el gran Cabalista Rabí Yitsjak Luria estaba ya en un nivel alto. Su Pésaj estaba, por lo tanto, en un nivel más alto que en el que se encontraba todas las noches. Esta es la ventaja para nosotros: uno de los beneficios de pensar en estar completamente unidos como uno, con cada uno en nuestro Séder, es que automáticamente alcanzamos el nivel más alto de la persona en el cuarto, sin tomar

22. El Tetragramatón es una combinación poderosa de letras hebreas que literalmente transmite la fuerza espiritual del Mundo Superior a nuestra existencia física. Las cuatro letras del Tetragramatón son יהוה.

23. Todos nosotros estamos esclavizados a nuestro ego y nuestra existencia material. Somos prisioneros, cautivos de nuestras profesiones, trabajos, relaciones, miedos y ansiedades. O estamos en cautiverio, esclavos de las percepciones de otras personas acerca de nosotros. Estamos encarcelados por nuestra desesperada necesidad de que otras personas nos acepten. Esta noche, podemos quedar libres de todas estas cosas que nos oprimen. La libertad que ocurrió en Egipto hace 3,300 años fue con un propósito: crear un depósito de energía para todas las generaciones futuras de manera que podamos tener acceso al poder de la libertad en nuestras vidas personales.

24. Durante y después del Séder, y especialmente cuando regresamos al mundo real, no podemos ser la misma persona que éramos el año anterior. Debemos hacer un esfuerzo para ser más tolerantes y compasivos. No porque sea un comportamiento moralmente correcto, sino porque este tipo de conducta, y la libertad que ella trae, es lo que lo que nos da realización genuina y duradera.

en cuenta nuestro propio nivel. Por eso, es de nuestro propio interés rodearnos con las personas más positivas espiritualmente en esa noche del año.

Mientras se llena la segunda copa, el niño pregunta:

מַה מ"ה נִּשְׁתַּנָּה הַלַּיְלָה מלה הַזֶּה והו מִכָּל הַלֵּילוֹת.
שֶׁבְּכָל לכב הַלֵּילוֹת אָנוּ אוֹכְלִין חָמֵץ
וּמַצָּה. הַלַּיְלָה מלה הַזֶּה והו כֻּלּוֹ מַצָּה:
שֶׁבְּכָל לכב הַלֵּילוֹת אָנוּ אוֹכְלִין שְׁאָר יְרָקוֹת.
הַלַּיְלָה מלה הַזֶּה והו כֻּלּוֹ מָרוֹר:
שֶׁבְּכָל לכב הַלֵּילוֹת אֵין אָנוּ מַטְבִּילִין אֲפִילוּ פַּעַם
מנק אֶחָת. הַלַּיְלָה מלה הַזֶּה והו שְׁתֵּי פְעָמִים:
שֶׁבְּכָל לכב הַלֵּילוֹת אָנוּ אוֹכְלִין בֵּין יוֹשְׁבִין וּבֵין
מְסֻבִּין. הַלַּיְלָה מלה הַזֶּה והו כֻּלָּנוּ מְסֻבִּין:

¿Qué diferencia a esta noche de todas las otras noches? Todas las otras noches podemos comer pan y Matzá. Esta noche, solamente Matzá. Todas las otras noches comemos toda clase de verduras. Esta noche sólo hierbas amargas. Todas las otras noches no tenemos que mojar nuestras verduras ninguna vez. Esta noche, dos veces. Todas las otras noches podemos comer ya sea sentados (o reclinados) festejando (en sillas acojinadas). Esta noche todos nosotros estamos reclinados.

AVADIM HAÍNU

Fuimos esclavos en Egipto y Dios nos sacó de la esclavitud.

Este versículo no solo se refiere a nuestros ancestros en el Egipto antiguo. Se refiere directamente a nosotros. Más aún, este versículo nos enseña que la única manera en que una persona puede obtener libertad real es a través del poder de Pésaj.

Es interesante notar las observaciones del Cabalista del siglo 16 Rabi Yitsjak Luria: El Arí explicó que sólo *después* que los israelitas lograron libertad espiritual genuina ellos pudieron recibir la revelación en el Monte Sinaí y el estado de inmortalidad que esta revelación produjo.[25] El poder de Pésaj era el prerrequisito para que la Luz de la inmortalidad se revelara en el Sinaí. En términos prácticos, debemos liberarnos del

25. ¿Cuántos de nosotros estaríamos dispuestos a sufrir un pequeño Egipto, una pequeña incomodidad, para lograr inmortalidad verdadera? Debemos estar dispuestos a liberarnos de la esclavitud de nuestro ego, lo que puede ser muy doloroso para nuestro orgullo, y alcanzar la satisfacción duradera en la vida.

cautiverio de nuestra naturaleza reactiva y lograr la más grande de todas las recompensas: la revelación completa de la Luz en nuestro mundo físico: el Mesías.[26]

Destapamos las *Matzot* y decimos:

עֲבָדִים הָיִינוּ לְפַרְעֹה בְּמִצְרָיִם מצר וַיּוֹצִיאֵנוּ
יְהֹוָה יאהדונהי אֱלֹהֵינוּ ילה מִשָּׁם בְּיָד חֲזָקָה וּבִזְרֹעַ
נְטוּיָה וְאִלּוּ לֹא הוֹצִיא הַקָּדוֹשׁ בָּרוּךְ הוּא אֶת
אֲבוֹתֵינוּ מִמִּצְרָיִם מצר הֲרֵי אָנוּ וּבָנֵינוּ וּבְנֵי בָנֵינוּ
מְשֻׁעְבָּדִים הָיִינוּ לְפַרְעֹה בְּמִצְרָיִם מצר. וַאֲפִילוּ
כֻּלָּנוּ חֲכָמִים כֻּלָּנוּ נְבוֹנִים כֻּלָּנוּ זְקֵנִים כֻּלָּנוּ
יוֹדְעִים אֶת הַתּוֹרָה מִצְוָה עָלֵינוּ לְסַפֵּר בִּיצִיאַת
מִצְרָיִם מצר. וְכָל הַמַּרְבֶּה לְסַפֵּר בִּיצִיאַת
מִצְרָיִם מצר הֲרֵי זֶה מְשֻׁבָּח:

Esclavos fuimos del Faraón en Egipto, pero HaShem, nuestro Dios, nos sacó de allí con mano poderosa y brazo extendido. Y si el Santísimo, bendito sea Él, no hubiese sacado de Egipto a nuestros antepasados, entonces nosotros, nuestros hijos y los hijos de nuestros hijos podríamos haber quedado esclavizados por algún faraón en Egipto. Aunque todos fuésemos sabios, entendidos, experimentados y conocedores de la Torá, sería deber nuestro narrar la salida de Egipto. Mientras más se relate sobre el Éxodo, mejor.

LA HISTORIA DE LOS CINCO SABIOS[27]

Una noche de Séder, hace como 2,000 años, cinco grandes sabios estaban sentados en la ciudad de Bnei Brak en Israel teniendo un largo discurso sobre el Éxodo de

26. Cabalísticamente, el Mesías no es alguien que vendrá a salvarnos, sino más bien la era Mesiánica ocurrirá cuando nos liberemos de nuestros deseos egocéntricos. Del ego que intenta motivarnos todo el día. Liberarnos de nosotros mismos es el paso necesario antes de que la realidad de la inmortalidad y la total alegría puedan manifestarse.
27. Cada historia en la Hagadá es en realidad una clave que oculta sabidurías escondidas. Hay una ley que funciona en la Cabalá: Para revelar, debes primero ocultar. Una semilla debe enterrarse y cubrirse en la tierra antes de que el árbol y las frutas sean revelados. Un bebé está primero oculto en el vientre de su madre antes de que el niño sea revelado en nuestro mundo. La sabiduría secreta de la vida debe estar primero oculta dentro de una historia antes de que la lección pueda ser revelada y absorbida por los estudiantes de Cabalá. Por esta razón, muchas historias, cuando son tomadas literalmente, parecen fuera de lugar en nuestra vida diaria. Debemos indagar más allá de la superficie de una historia para exponer el mensaje y el significado oculto dentro de ella. Cada palabra tiene un valor numérico, cada oración una traducción simple, y otras claves que sirven para envolver el significado espiritual en una capa de sencillez y aparente irrelevancia

Egipto. De repente, sus estudiantes entraron a decirles que había llegado el momento de decir las oraciones de la mañana. Los sabios estaban completamente perdidos en el tiempo, completamente absorbidos en lo maravilloso del relato.

Los Cabalistas nos dicen que cuando nos absorbamos en el trabajo espiritual, olvidándonos de todas las limitaciones del tiempo, espacio y movimiento, Dios eliminará todas las limitaciones que nos mantienen detenidos. El Rey David decía, “Dios es nuestra sombra”. Si nos quedamos esclavizados a las fuerzas físicas de tiempo, espacio y movimiento, estas limitaciones se reflejarán hacia nosotros. Si sólo las dejamos ir, abandonando el control, y dejando de preocuparnos por las fuerzas de nuestro mundo físico para abrazar más trabajo espiritual, la Luz eliminará todas las fricciones, obstáculos y barreras asociadas con el tiempo, espacio y movimiento.

Otra lección de esta simple historia es que la *Hagadá* ha dedicado un considerable espacio en incluir la aparición de los estudiantes, dándoles a ellos igual importancia que a los grandes sabios santos. La lección es que todos nosotros podemos aprender de cada uno y de cualquiera. El Talmud hace la afirmación “¿Quién es una persona astuta? ¡La que aprende de cada persona!” Todos en este mundo son nuestros maestros: las personas positivas y las negativas. Todo aquello y toda persona con la que entremos en contacto están allí para enseñarnos algo acerca de nuestro propio carácter y área de corrección.

מַעֲשֶׂה בְּרַבִּי אֱלִיעֶזֶר וְרַבִּי יְהוֹשֻׁעַ וְרַבִּי אֶלְעָזָר
בֶּן עֲזַרְיָה וְרַבִּי עֲקִיבָא וְרַבִּי טַרְפוֹן שֶׁהָיוּ מְסֻבִּין
בִּבְנֵי בְרַק וְהָיוּ מְסַפְּרִים בִּיצִיאַת מִצְרַיִם מצר
כָּל ילי אוֹתוֹ הַלַּיְלָה מלה עַד שֶׁבָּאוּ תַלְמִידֵיהֶם
וְאָמְרוּ לָהֶם רַבּוֹתֵינוּ הִגִּיעַ זְמַן קְרִיאַת שְׁמַע שֶׁל
שַׁחֲרִית:

Se cuenta que Rabí Eliézer, Rabí Yehoshúa, Rabí Eleazar ben Azariá, Rabí Akivá y Rabí Tarfón estaban sentados en la mesa del Séder, en Bnei Brak, discutiendo durante toda la noche la liberación de Egipto, hasta que vinieron sus discípulos y les dijeron: “Maestros nuestros, es hora de decir el Shemá de las oraciones de la mañana.”

AMAR RABÍ ELEAZAR

Esta historia cuenta de Rabí Eleazar, que tenía 18 años cuando fue llamado a ser líder de la nación. Él tenía un gran miedo de que nadie lo fuera a respetar debido a su juventud, así que Dios lo hizo ver como si tuviese 70 años de edad. La lección espiritual de la historia literal se trata del poder de la mente sobre la materia. Lo que creemos, es lo que alcanzamos. Positivo o negativo.

Hay un discurso de Rabí Eleazar que tiene que ver con narrar la historia del Éxodo sólo de noche. Una vez más, la historia literal oculta una clave espiritual. *La luz del día* se refiere a las horas positivas cuando las cosas van extremadamente bien para nosotros. La Luz del Creador está brillando vivamente en nuestros ojos. *La noche* se refiere a esos momentos de oscuridad cuando estamos hasta el cuello de caos y obstáculos. Rabí Eleazar nos enseña que debemos demostrar una cantidad igual de certeza y convicción en la Luz del Creador cuando los tiempos son difíciles y las dudas tratan de consumirnos, que cuando las cosas están marchando bien y experimentamos esos momentos místicos donde podemos sentir la presencia de Dios en nuestra vida.

אָמַר רַבִּי אֶלְעָזָר בֶּן עֲזַרְיָה הֲרֵי אֲנִי אני כְּבֶן שִׁבְעִים
שָׁנָה וְלֹא זָכִיתִי שֶׁתֵּאָמֵר יְצִיאַת מִצְרַיִם מצר
בַּלֵּילוֹת עַד שֶׁדְּרָשָׁהּ בֶּן זוֹמָא, שֶׁנֶּאֱמַר, לְמַעַן
תִּזְכֹּר אֶת יוֹם נגד, זן צֵאתְךָ מֵאֶרֶץ מִצְרַיִם מצר כֹּל ילי
יְמֵי חַיֶּיךָ: יְמֵי חַיֶּיךָ הַיָּמִים נלך. כֹּל ילי יְמֵי חַיֶּיךָ
הַלֵּילוֹת. וַחֲכָמִים אוֹמְרִים יְמֵי חַיֶּיךָ הָעוֹלָם הַזֶּה והו.
כֹּל ילי יְמֵי חַיֶּיךָ לְהָבִיא לִימוֹת הַמָּשִׁיחַ:

Rabí Eleazar ben Azariá dijo: "Soy como un hombre de 70 años de edad, pero nunca tuve el privilegio de tener mencionado el Éxodo de Egipto también en la oración de la noche, hasta que Ben Zomá lo explicó citando: 'Para que te acuerdes del día de tu salida de Egipto todos los días de tu vida.' 'Los días de tu vida' se refiere solamente a los días, mientras que '<u>todos</u> los días...' también incluyen las noches. Y los sabios dicen que 'los días de tu vida' se refieren a este mundo solamente, mientras que 'todos los días de tu vida' se refiere también a traernos al tiempo del Mesías.

BARUJ HAMACOM

Bendito es Dios que nos dio la Torá

Estamos agradecidos por la Torá porque antes de su revelación no sabíamos cómo conectarnos con el Creador en una manera particular. Es similar a tener un teléfono pero no tener el número correcto para llamar y pedir ayuda.[28]

Hay una historia famosa acerca del gran sabio Hilel que reveló el concepto de "ama al prójimo como a ti mismo."[29] Inclusive este muy conocido concepto era desconocido hasta la revelación de la Torá. La apreciación de la Torá es por nuestra

28. La secuencia de letras y palabras en la Torá son el número telefónico correcto para llamar a Dios. El rollo puede equipararse al teléfono presente, mientras que el pergamino funciona como un mensajero de larga distancia.
29. Un converso una vez acudió a Hilel y le pidió al gran sabio que le explicara todos los secretos sublimes y grandiosos misterios de la Torá en el corto tiempo que toma quedarse parado en un solo pie. Hilel brindó consideración especial a este pedido. Entonces él le contestó al estudiante, "Ama al prójimo como a ti mismo. El resto son comentarios. Ahora, ve y aprende".

oportunidad de penetrar en su esencia espiritual, capturando cualquier cantidad de energía que deseemos para traer sentido y satisfacción a nuestras vidas.

בָּרוּךְ הַמָּקוֹם בָּרוּךְ הוּא בָּרוּךְ שֶׁנָּתַן תּוֹרָה
לְעַמּוֹ יִשְׂרָאֵל. בָּרוּךְ הוּא.

Bendito es el Omnipresente, bendito es Él. Bendito es Aquel que dio la Torá a Su pueblo Israel, bendito es Él.

Hay cuatro caminos que podemos usar cuando nos conectamos con Dios:

כְּנֶגֶד זן, מזבח אַרְבָּעָה בָנִים דִּבְּרָה תוֹרָה:
אֶחָד אהבה חָכָם. וְאֶחָד אהבה רָשָׁע. וְאֶחָד אהבה תָּם.
וְאֶחָד אהבה שֶׁאֵינוֹ יוֹדֵעַ לִשְׁאוֹל:

La Torá habla de cuatro hijos: uno sabio, y uno malvado, y uno simple, y uno que no sabe cómo preguntar.

EL SABIO

Una persona sabia pregunta, "¿Por qué estamos realizando todos estos ritos y rituales en Pésaj? ¿Son ellos meras acciones físicas por consideración a la tradición y remembranza?" Como explicamos en la sección del *Aficomán*, sólo cuando vencemos nuestro *deseo de recibir* y logramos libertad real de él comemos el *Aficomán.*

Clasificamos a esta persona como sabía en virtud de su deseo de buscar la verdad espiritual que yace más allá de la parte literal de la historia, más allá de la tradición. Una persona puede lograr un nivel espiritual alto sólo si continuamente prueba y cuestiona más allá del nivel físico de la realidad. Él viaja a las verdades ocultas y escondidas.

חָכָם מָה מ״ה הוּא אוֹמֵר. מָה מ״ה הָעֵדוֹת וְהַחֻקִּים
וְהַמִּשְׁפָּטִים אֲשֶׁר צִוָּה יְהֹוָהאדניאהדונהי אֱלֹהֵינוּ ילה
אֶתְכֶם. וְאַף אַתָּה אֱמוֹר לוֹ כְּהִלְכוֹת הַפֶּסַח אֵין
מַפְטִירִין אַחַר הַפֶּסַח אֲפִיקוֹמָן:

¿Qué dice el hijo sabio? "¿Qué son los testimonios, los decretos y juicios que HaShem, nuestro Dios, os ha mandado?" Entonces, le explicarás las leyes relacionadas con Pésaj: que no se puede comer nada después de haber ingerido el Aficomán.

EL MALVADO

La persona malvada pregunta burlonamente: "¿Por qué nos incomodan con estos ritos y rituales?" Puede parecer la misma pregunta que hizo el sabio. ¿Cuál es la diferencia entre las preguntas del malvado y del sabio? El malvado viene de un lugar negativo. Su pregunta está arraigada en la incertidumbre y el escepticismo.

El mensaje escondido en la pregunta del malvado es: "Nada de lo que hagamos funcionará. ¿Por qué deberían nuestras acciones cambiar algo?"

Un gran Rabino dijo una vez, "A las preguntas hay respuestas, pero a las respuestas, no hay respuestas."

La persona malvada tiene ya la respuesta negativa en su mente. Él hace la pregunta retóricamente, como una manera de exponer sus opiniones negativas. Él no busca la verdad. No hace la pregunta realmente sino que expone sus puntos de vistas pesimistas para influenciar negativamente a otros y exponer su propio programa.

La motivación predominante de la persona malvada es su renuencia a tomar responsabilidad de cualquiera de sus acciones negativas. El Arí afirmó que el verdadero exilio en Egipto era el exilio de la mente. Los egipcios literalmente programaron a cada persona para que creyesen que no funcionaba el principio de causa-efecto en nuestro universo. Todo era casualidad, azar y caos incontrolable. Esta perspectiva nos libera de cualquier responsabilidad de nuestras acciones. Los egipcios tenían magos, versados en las artes ocultas,[30] que realizaban actos casuales de magia negra para probar la falta de orden en nuestro mundo. La real libertad y Éxodo fue darnos cuenta de repente del orden oculto y las leyes universales que funcionan en el universo.

Los israelitas estaban programados de tal manera, que no se daban cuenta de que estaban en esclavitud. Por esta misma razón, la persona malvada no puede nunca dejar Egipto porque ni siquiera se da cuenta que ella está *en* Egipto. La persona malvada es feliz a su manera, ignorando que existe una vida mucho más satisfactoria y feliz en un camino diferente. Nuestra lección es ésta: Podemos tener libertad real y paz mental en nuestras vidas dándonos cuenta y admitiendo que somos realmente esclavos de nuestra naturaleza reactiva. Si pensamos que todo está bien, nunca lograremos la verdadera libertad. La raíz de nuestra propia negatividad es nuestra incapacidad para entender que todo lo que nos pasa es por alguna razón. Las cosas malas ocurren para despertarnos a nuestras conductas reactivas.

Debemos asegurarnos de que cuando hacemos preguntas relacionadas con verdades espirituales, dejemos nuestros prejuicios y creencias personales en la puerta. Debemos abrirnos para oír objetivamente el punto de vista espiritual.

רָשָׁע מָה מ״ה הוּא אוֹמֵר.

¿Qué dice el hijo malvado?

30. Los egipcios sabían cómo conectarse con la Luz a través de caminos negativos. Por ejemplo, podemos utilizar la corriente eléctrica en nuestra casa para proveer de calor y comodidad a nuestra familia. O podemos utilizar esta corriente de manera destructiva metiendo el dedo de alguien en el tomacorriente de la pared. Tenemos el libre albedrío para escoger cómo conectarnos con la Luz.

מָה מ"ה הָעֲבוֹדָה הַזֹּאת לָכֶם. לָכֶם וְלֹא לוֹ. וּלְפִי שֶׁהוֹצִיא אֶת עַצְמוֹ מִן הַכְּלָל כָּפַר בְּעִקָּר. וְאַף אַתָּה הַקְהֵה אֶת שִׁנָּיו וֶאֱמוֹר לוֹ. בַּעֲבוּר זֶה עָשָׂה יְהֹוָהאדניאהדונהי לִי בְּצֵאתִי מִמִּצְרָיִם מצר. לִי וְלֹא לוֹ. אִלּוּ הָיָה יהה שָׁם לֹא הָיָה יהה נִגְאָל:

¿Qué es este culto para ustedes? Él dice "...para ustedes", con lo cual se excluye él mismo. Al excluirse él de la comunidad, niega el principio básico. Por lo tanto, contéstale ásperamente y dile: "Por lo que HaShem obró por mí cuando salí de Egipto." "Por mí"y no por él, puesto que si él hubiera estado en Egipto, no hubiese sido redimido.

EL SIMPLE

La persona simple pregunta, "¿Por qué Dios tuvo que matar a todos los egipcios? ¿Vinimos a este mundo a sufrir? ¿Por qué había tanto juicio sobre los egipcios?" La respuesta tradicional es que los egipcios tenían que pagar por todas sus acciones negativas. Ellos atrajeron las plagas a ellos mismos. Una vez más, toda la historia del Éxodo es una clave que contiene un profundo significado espiritual. Somos *nosotros* los egipcios. Los egipcios representan nuestras características negativas. Cuando nuestras vidas son gobernadas por nuestros impulsos egoístas, traemos plagas de caos a nosotros.

Otra pregunta frecuente es, "¿Por qué debemos realizar los rituales de Pésaj cada año? ¿Por qué no pudo un gran profeta como Moshé realizar la misión y traer paz para siempre?" Moshé no tuvo el poder de la gente, para darle a él más poder. En ese respecto está la mayor ventaja en nuestra era actual. Hoy tenemos a la gente, jóvenes y viejos, aprendiendo los secretos de la sabiduría de la Cabalá. Cuando alcancemos una masa crítica, la redención final, la paz mundial y la inmortalidad se volverán la nueva realidad.

תָּם מָה מ"ה הוּא אוֹמֵר. מַה מ"ה זֹּאת. וְאָמַרְתָּ אֵלָיו בְּחוֹזֶק יָד הוֹצִיאָנוּ יְהֹוָהאדניאהדונהי מִמִּצְרַיִם מצר מִבֵּית ב"פ ראה עֲבָדִים:

¿Qué dice el simple? "¿Qué es esto?" Dile: "Con poder nos sacó HaShem de Egipto, de la casa de esclavitud."

EL QUE NO SABE CÓMO PREGUNTAR

Hay gente que no sabe cómo preguntar las preguntas correctas. A menudo, nosotros mismos no sabemos qué hacer, qué preguntar, o dónde buscar respuestas.

El *Zóhar* dice, "Ábreme al ojo de una aguja, y yo te abriré las Puertas Celestiales." Cada uno de nosotros tiene la responsabilidad de ayudar a crear la apertura del ojo de la aguja a todos los que están perdidos y atrapados en el lodo del caos. Tenemos la responsabilidad de ayudar a la familia, amigos, extraños y a cualquiera que esté en contacto con nosotros. Debemos activar la Luz de compartir (no predicar o forzar a la gente) para ayudar a crear una apertura. Ésa es realmente nuestra oportunidad de compartir.

וְשֶׁאֵינוֹ יוֹדֵעַ לִשְׁאוֹל אַתְּ פְּתַח לוֹ. שֶׁנֶּאֱמַר,
וְהִגַּדְתָּ לְבִנְךָ בַּיּוֹם נגד, זן הַהוּא לֵאמֹר בַּעֲבוּר זֶה
עָשָׂה יְהֹוָהאדניאהדונהי לִי בְּצֵאתִי מִמִּצְרָיִם מצר:

Al que no sabe cómo preguntar, comienza por explicar como se nos ha dicho: "Y tú le dirás a tu hijo ese día: 'Lo hago por lo que HaShem hizo por mí cuando salí de Egipto."

YAJOL MEROSH JÓDESH

La Hagadá pregunta porqué el Éxodo no comenzó en Rosh Jódesh, que es la semilla del mes. ¿Por qué nos conectamos con el efecto y no con la causa, que siempre reside en la semilla en Rosh Jódesh? La razón es que el mes de Nisán, en el que Pésaj aparece, es uno de los meses más poderosos del año. Así como necesitamos el mes hebreo de Elul para prepararnos para el siguiente mes de Tishrei, en el cual ocurre Rosh Hashaná,[31] así necesitamos los primeros 15 días de Nisán para prepararnos y construir nuestra vasija interna y poder recibir la abrumadora energía de libertad.

Los primeros 12 días de Nisán nos conectan con las 12 tribus de Israel, reuniéndolas en preparación del Éxodo. La conexión con las 12 tribus también nos da control sobre los 12 signos del zodíaco, de manera que ninguna influencia astrológica negativa pueda interrumpir o prevenir nuestra libertad de la esclavitud.

¿Qué pasa si no nos preparamos durante los primeros 15 días porque no estábamos atentos a este concepto sino hasta este momento? ¿Qué si este es nuestro primer Séder Cabalístico? Una vez más, la ventaja de rodearnos con gente espiritualmente positiva y hacer el esfuerzo de estar unidos con todos es que compartimos toda la energía generada por todos los participantes. Esas personas que han tomado todos los pasos espirituales necesarios para la preparación pueden compartir su esfuerzo y energía con nosotros sin disminuir la cantidad de energía que ellos recibirán.[32]

---

31. Se supone que el mes de Elul es utilizado como un proceso de preparación para el mes siguiente, cuando Rosh Hashaná aparece. Elul es el momento de buscar profundamente en el alma, de auto confesarse, y esforzarse por enmendar con nuestros amigos y familia todas las malas acciones que cometimos. La cantidad de desperdicio espiritual que podamos desarraigar en Elul es la cantidad que podemos limpiar en Rosh Hashaná.
32. Una persona sosteniendo una vela puede compartir la llama con miles de personas sin disminuir el resplandor de su propia vela. Así es el poder de la energía espiritual. El único prerrequisito es hacer un intento por sentir amor y unidad hacia cada uno alrededor nuestro.

יָכוֹל מֵרֹאשׁ חֹדֶשׁ י״ב הויות, תַּלְמוּד לוֹמַר בַּיּוֹם נגד, זן
הַהוּא. אִי בַּיּוֹם נגד, זן הַהוּא יָכוֹל מִבְּעוֹד יוֹם נגד זן,
תַּלְמוּד לוֹמַר בַּעֲבוּר זֶה. בַּעֲבוּר זֶה לֹא אָמַרְתִּי
אֶלָּא בְּשָׁעָה שֶׁיֵּשׁ מַצָּה וּמָרוֹר מֻנָּחִים לְפָנֶיךָ סמ״ב:

Podríamos pensar que la exposición del Éxodo comienza el primer día de Nisán, pero la Torá dice: "Dirás a tu hijo en aquel día." La expresión "en aquel día" podría significar meramente "durante el día"; por lo tanto, la Torá agrega: "Por esto es que HaShem obró así por mí cuando salí de Egipto." El pronombre "esto" implica algo tangible; así, "dirás a tu hijo" se aplica solamente cuando la Matzá y el Maror están puestos delante de ti en el Séder.

MITJILÁ

Esta historia contiene la siguiente frase: *En el comienzo nuestros padres fueron idólatras*. Esta es una referencia directa al padre de Avraham, Téraj, que era el más grande manufacturero de ídolos en el mundo. Avraham pudo haber sentido fácilmente que debido a que él era hijo de un idólatra, no tendría posibilidad de transformarse y descubrir la verdad sobre el Creador. En cambio de eso, Avraham se dio cuenta de que podía dejar su propia huella en este mundo. Cada uno de nosotros puede también superar las fuerzas internas que nos han mantenido como idólatras.[33] No importa qué pasó ayer o cuál es nuestra situación personal, podemos lograr un cambio de vida si lo decidimos.

מִתְּחִלָּה עוֹבְדֵי עֲבוֹדָה זָרָה הָיוּ אֲבוֹתֵינוּ. וְעַכְשָׁיו
קֵרְבָנוּ הַמָּקוֹם לַעֲבוֹדָתוֹ. שֶׁנֶּאֱמַר, וַיֹּאמֶר יְהוֹשֻׁעַ
אֶל כָּל ילי הָעָם כֹּה אָמַר יְהֹוָאדנ״יאהדונה״י אֱלֹהֵי דמב
יִשְׂרָאֵל

Originalmente nuestros antepasados eran idólatras, pero ahora el Omnipresente nos ha traído a Su servicio. Como se nos ha dicho, Yehoshúa dijo a todo el pueblo: "Así dijo HaShem, Dios de Israel:

33. La idolatría no se refiere a estatuas hechas por el hombre ante las cuales nos inclinamos. Un ídolo es definido como cualesquiera posesiones materiales que controlan nuestro comportamiento y nos motivan. Si una posesión material determina nuestro grado de felicidad o tristeza, entonces hemos entregado el control. Para algunas personas, el dinero es dios. Otros son discípulos de sus negocios o profesiones. La libertad real es tomar control sobre nuestras propias vidas y emociones y generar felicidad y seguridad emocional desde el interior.

בְּעֵבֶר הַנָּהָר יָשְׁבוּ אֲבוֹתֵיכֶם מֵעוֹלָם תֶּרַח אֲבִי אַבְרָהָם רמ"ח וחכמה וַאֲבִי נָחוֹר וַיַּעַבְדוּ אֱלֹהִים ילה אֲחֵרִים: וָאֶקַּח אֶת אֲבִיכֶם אֶת אַבְרָהָם רמ"ח וחכמה מֵעֵבֶר הַנָּהָר וָאוֹלֵךְ אוֹתוֹ בְּכָל לכב אֶרֶץ כְּנָעַן וָאַרְבֶּה יצחק אֶת זַרְעוֹ וָאֶתֶּן לוֹ אֶת יִצְחָק ד"פ ב"ן, וָאֶתֵּן לְיִצְחָק ד"פ ב"ן לָרֶשֶׁת אוֹתוֹ, וְיַעֲקֹב וּבָנָיו יָרְדוּ מִצְרָיִם מצר:

Sus padres, y aún Téraj, padre de Avraham y de Najor, siempre vivieron al otro lado del río Éufrates y adoraban a otros dioses. Entonces llevé a su padre Avraham desde más allá del río y lo conduje a través de todo el país de Canaán. Multipliqué su descendencia y le di a Yitsjak. A Yitsjak le di a Yaacov y Esav. A Esav le di el Monte Seir por heredad, pero Yaacov y sus hijos bajaron a Egipto."

BARUJ SHOMER

Bendito es el que nos mantiene sus promesas

Esta frase nos dice que la fuerza del Creador nunca cambia. Somos nosotros quienes creamos la ilusión del cambio.[34] Una de las lecciones es ésta: Debemos permanecer consistentes en nuestro camino espiritual y no preocuparnos por las percepciones y opiniones de otras personas. Debemos buscar constantemente formas de compartir y detener nuestros impulsos reactivos, sin prestar atención a las personas que obstaculizan nuestro camino. Debemos aprender a no comprometer nunca nuestras búsquedas espirituales. Obtenemos la fuerza de mantenernos consistentes en nuestras acciones positivas a través de esta conexión.

בָּרוּךְ שׁוֹמֵר הַבְטָחָתוֹ לְיִשְׂרָאֵל, בָּרוּךְ הוּא, שֶׁהַקָּדוֹשׁ בָּרוּךְ הוּא חִשַּׁב אֶת הַקֵּץ מנק לַעֲשׂוֹת.

Bendito es quien cumple Su promesa a Israel; Bendito es Él. Porque el Santísimo, Bendito es Él, fijó de antemano el fin de nuestra servidumbre para cumplir Su promesa empeñada en el solemne

34. Un foco encendido en un cuarto brilla consistentemente. Si cubrimos la luz con una gelatina azul, irradiará azul. Una gelatina roja cambia la iluminación a roja. Si cubrimos la luz con una tela, la luz se opaca. Si cubrimos el foco con una manta, la luz se cancela completamente, dejándonos en la oscuridad. En todos estos casos, la luz por si misma nunca cambió. El cambio era sólo desde nuestra perspectiva como resultado de nuestras acciones. La Luz del Creador está siempre allí para compartir satisfacción con nosotros. Depende de nosotros eliminar las coberturas, filtros y cortinas.

כַּמָּה מ"ה שֶׁאָמַר לְאַבְרָהָם רמ"ח וחכמה אָבִינוּ בִּבְרִית
בֵּין הַבְּתָרִים. שֶׁנֶּאֱמַר, וַיֹּאמֶר לְאַבְרָם יָדֹעַ
תֵּדַע כִּי גֵר יִהְיֶה ייי זַרְעֲךָ בְּאֶרֶץ לֹא לָהֶם
וַעֲבָדוּם וְעִנּוּ אֹתָם אַרְבַּע מֵאוֹת שָׁנָה: וְגַם אֶת
הַגּוֹי אֲשֶׁר יַעֲבֹדוּ דָּן אָנֹכִי וְאַחֲרֵי כֵן יֵצְאוּ
בִּרְכֻשׁ גָּדוֹל:

Pacto con nuestro padre Avraham, como se expresó: Dios dijo a Avraham: "Ten por cierto que tus descendientes serán extranjeros en un país que no será el suyo. Los esclavizarán y los oprimirán durante 400 años; Pero yo juzgaré también a la nación que los mantendrá en esclavitud, y finalmente saldrán con grandes riquezas."

VEHÍ SHEAMDA

En cada generación, Dios nos da la energía para liberarnos de la esclavitud. Si creyéramos alguna vez que es nuestro propio ego el que nos da la libertad y satisfacción en nuestras vidas, podemos perderlo todo en un momento.

Ahora cubrimos la *Matzá,* subimos nuestra copa de vino y decimos:

וְהִיא שֶׁעָמְדָה לַאֲבוֹתֵינוּ וְלָנוּ מום. שֶׁלֹּא אֶחָד אהבה
בִּלְבָד עָמַד עָלֵינוּ לְכַלּוֹתֵנוּ אֶלָּא שֶׁבְּכָל לכב
דּוֹר וָדוֹר רי"ו עוֹמְדִים עָלֵינוּ לְכַלּוֹתֵנוּ, וְהַקָּדוֹשׁ
בָּרוּךְ הוּא מַצִּילֵנוּ מִיָּדָם:

La constante ayuda de Dios sostuvo a nuestros padres y a nosotros. Porque no fue sólo un enemigo el que se alzó contra nosotros para aniquilarnos, sino que en todas las generaciones se levantan contra nosotros para exterminarnos; pero el Santísimo, bendito es Él, nos libra de sus manos.

TSE ULMAD

Yitsjak, el hijo de Avraham el patriarca, tuvo dos hijos: Esav el rebelde y Yaakov el justo. En la historia de la Torá, aprendemos que un hombre llamado Laván tuvo dos hijas, Rajel y Leá. Rajel estaba destinada a casarse con Yaakov, mientras que Leá estaba destinada a casarse con Esav. Es por esto, en la historia, que Leá estaba llorando todo el tiempo. De acuerdo con este plan de casamientos, Rajel daría a luz a las 12 tribus. Laván quiso romper todo. Hizo que Leá se casara con Yaacov con la esperanza que las 12 tribus nunca nacieran y nunca tuviéramos control sobre los 12 signos. Nos quedaríamos esclavos de la influencia de las 12 constelaciones.

Aprendemos de la historia que no importa cuánto trame una mala persona, la Luz siempre sobrepasa la oscuridad. Ambas, Rajel y Leá terminaron casándose con Yaacov. Las 12 tribus nacieron de todas maneras. No importa cuán oscuras parezcan ser las cosas, con la ayuda de Dios podemos cambiarlas. Los planes pueden cambiarse, pero lo que viene debe ser siempre positivo. También ganamos una medida de control sobre los 12 signos simplemente pasando a través de esta particular etapa.

Bajamos nuestra copa de vino, destapamos las Matzot y decimos:

צֵא וּלְמַד מַה מ״ה בִּקֵּשׁ לָבָן הָאֲרַמִּי לַעֲשׂוֹת לְיַעֲקֹב אָבִינוּ. שֶׁפַּרְעֹה לֹא גָזַר אֶלָּא עַל הַזְּכָרִים וְלָבָן בִּקֵּשׁ לַעֲקוֹר אֶת הַכֹּל. שֶׁנֶּאֱמַר: אֲרַמִּי אֹבֵד אָבִי וַיֵּרֶד רי״י מִצְרַיְמָה מצר וַיָּגָר שָׁם בִּמְתֵי מְעָט וַיְהִי שָׁם לְגוֹי גָּדוֹל עָצוּם וָרָב:

Ve y aprende lo que Laván el arameo intentó hacer a nuestro padre Yaakov. Mientras que el Faraón condenó sólo a los varones recién nacidos, Laván intentó destruir todo, como se dijo: "Un arameo intentó destruir a mi padre. Después éste bajó a Egipto y habitó allí, con poca gente; y allí llegó a ser una nación grande, poderosa y numerosa.

VAYERED MITSRAIMA

La explicación literal nos dice que Yaakov viajó hacia abajo, a Egipto como un cautivo en virtud de una orden decretada por la palabra de Dios. El Cabalista Rabí Naftalí Tsvi explica el significado espiritual: La *palabra de Dios* es una clave para las palabras sagradas de la Torá. *Egipto* es una clave para la negatividad propia de una persona. *Yaakov* es una clave que representa todas las almas de Israel. Yaakov fue a "Egipto" para despertar la Luz del Creador y así derrotar su propia naturaleza reactiva. Su propósito era colocar la armadura espiritual que pavimentaría el camino para la revelación de la Torá en el Monte Sinaí como dos siglos y medio después. Si Yaakov no se hubiera embarcado en ese arriesgado viaje dentro de la negatividad, no hubiera habido manera de que la Torá fuera revelada.

וַיֵּרֶד רי״י מִצְרַיְמָה מצר אָנוּס עַל פִּי הַדִּבּוּר: וַיָּגָר שָׁם, מְלַמֵּד שֶׁלֹּא יָרַד יַעֲקֹב אָבִינוּ לְהִשְׁתַּקֵּעַ בְּמִצְרַיִם מצר אֶלָּא לָגוּר שָׁם.

"Bajó a Egipto, obligado por la orden Divina. Él habitó allí." De lo cual aprendemos que Yaakov no tuvo la intención de bajar a Egipto para radicarse allí,

שֶׁנֶּאֱמַר, וַיֹּאמְרוּ אֶל פַּרְעֹה לָגוּר בָּאָרֶץ בָּאנוּ כִּי
אֵין מִרְעֶה לַצֹּאן אֲשֶׁר לַעֲבָדֶיךָ כִּי כָבֵד הָרָעָב
בְּאֶרֶץ כְּנָעַן וְעַתָּה יֵשְׁבוּ נָא עֲבָדֶיךָ בְּאֶרֶץ גֹּשֶׁן:

sino de vivir temporalmente, como se dijo: "Y dijeron al Faraón (los hijos de Yaakov): 'Para morar cierto tiempo en esta tierra hemos venido, pues no hay pasto para las ovejas de tus siervos; porque es grave el hambre en la tierra de Canaán. Y ahora, permite a tus siervos habitar en la tierra de Goshen.'"

BIMTEI MEAT

El siguiente párrafo afirma: *70 personas acompañaron a Yaakov a Egipto pero ahora son muchas.*

Cada una de esas 70 personas representaba una de las 70 naciones del mundo. Esas 70 personas eran responsables de dar a sus respectivas naciones su Luz espiritual y sustento. La frase *pero ahora hay muchas* significa la transferencia de responsabilidad. Cada persona del planeta sería responsable ahora por hacer sus propias conexiones con la Luz.

Con las responsabilidades personales vienen las responsabilidades globales. Cuando ocurrió la destrucción del Templo Sagrado, fue necesario que cada persona construyese y colocase su propia "roca" de regreso en el templo para que éste fuese reconstruido. Podemos alcanzar ésto a través de nuestra corrección personal y transformación de carácter. Si uno coloca una piedra pesada encima de una piedra débil, la roca débil colapsa y el Templo Final nunca será construido. ¿Qué causa esta pesadez? Ego. Cada uno debe dejar ir el ego mediante el trabajo espiritual. Todos nosotros, así seamos un gran y santo rabí o un trabajador de fábrica, somos iguales a los ojos de Dios. Si mantenemos esa conciencia de igualdad y el ego no blasona en nuestros corazones, nuestra propia roca se quedará firme y sólida con todas las otras rocas encima y debajo de ella. Esto llevará a la aparición final del Templo Sagrado.

בִּמְתֵי מְעָט, כְּמָה מ"ה שֶׁנֶּאֱמַר, בְּשִׁבְעִים נֶפֶשׁ
יָרְדוּ אֲבֹתֶיךָ מִצְרָיְמָה מצר וְעַתָּה שָׂמְךָ יְהֹוָהאדניאהדונהי
אֱלֹהֶיךָ ילה כְּכוֹכְבֵי הַשָּׁמַיִם י"פ טל לָרֹב:

Poco numerosos, como se dijo: "Con sólo 70 almas bajaron tus ascendientes a Egipto, y ahora HaShem tu Dios, te ha convertido en multitud, como las estrellas del cielo."

VAYEHÍ SHAM

La Hagadá dice *y tú eras allí [Egipto], una gran nación.*

Esto significa, que a pesar que estábamos en Egipto, rodeados de negatividad, no sucumbimos al mal. Podemos ver a Satán a los ojos. Podemos ver nuestras adicciones, miedos y fobias a los ojos. Y sabemos que podemos sobreponernos.

וַיְהִי שָׁם לְגוֹי, מְלַמֵּד שֶׁהָיוּ יִשְׂרָאֵל מְצֻיָּנִים שָׁם:
גָּדוֹל עָצוּם, כְּמָה מ"ה שֶׁנֶּאֱמַר, וּבְנֵי יִשְׂרָאֵל פָּרוּ
וַיִּשְׁרְצוּ וַיִּרְבּוּ וַיַּעַצְמוּ בִּמְאֹד מְאֹד וַתִּמָּלֵא הָאָרֶץ
אֹתָם:

Y allí llegó a ser una gran nación. Aprendemos que los israelitas se distinguieron aún entonces como nación aparte. Grande y poderosa era la nación, como se dijo: "Y los hijos de Israel eran fecundos y aumentaron en número, se multiplicaron y llegaron a ser muy, muy poderosos, y se llenó la tierra de ellos."

VARAV

Los Cabalistas aprenden de este párrafo que la importancia de la Torá no está en la palabra literal por sí misma, sino en el significado interno de las palabras como son reveladas en el Talmud, Midrash y el *Zóhar*.

La Torá física no es real. Es una clave. El *Zóhar* descifra esta clave. Sin el entendimiento espiritual de la Torá, ésta no significa nada. Esta conexión nos ayuda a descifrar los secretos espirituales de la Torá y los secretos espirituales de nuestra propia vida. En otras palabras, comenzaremos a ver las leyes espirituales funcionando en nuestra vida, el orden debajo del caos.

וָרָב, כְּמָה מ"ה שֶׁנֶּאֱמַר, רְבָבָה כְּצֶמַח הַשָּׂדֶה
נְתַתִּיךְ וַתִּרְבִּי וַתִּגְדְּלִי וַתָּבֹאִי בַּעֲדִי עֲדָיִים שָׁדַיִם
נָכֹנוּ וּשְׂעָרֵךְ צִמֵּחַ וְאַתְּ עֵרֹם וְעֶרְיָה: וָאֶעֱבֹר עָלַיִךְ
וָאֶרְאֵךְ מִתְבּוֹסֶסֶת בְּדָמָיִךְ וָאֹמַר לָךְ בְּדָמַיִךְ חֲיִי
וָאֹמַר לָךְ בְּדָמַיִךְ חֲיִי: וַיָּרֵעוּ אֹתָנוּ הַמִּצְרִים מצר
וַיְעַנּוּנוּ וַיִּתְּנוּ עָלֵינוּ עֲבֹדָה קָשָׁה:

Como se dijo, ellos eran numerosos: "Como la hierba del campo te hice multiplicar; y aumentaste, engrandeciste en estatura y belleza; tu cabello creció, pero estabas desnuda y descubierta. Y yo pasé sobre ti y te vi rodando en tu sangre y te dije: 'A través de tu sangre tú vivirás'. Y te dije: 'A través de tu sangre vivirás'. Y los egipcios nos maltrataron, nos oprimieron y nos impusieron trabajos forzados."

VAYAREU

La palabra *Vayareu* viene de la palabra *Reiya,* que significa “amigo.” Muy a menudo, el lado negativo se hace nuestro amigo. Satán hace acciones negativas agradables y amigables a nuestros ojos.

Hay otro aspecto referente a la palabra amigo: Cada vez que comenzamos una relación, debemos hacer una pausa y preguntar, “¿Qué queremos realmente de esta relación? ¿Es solamente para satisfacer nuestro propio ego y *deseo de recibir*?” Puede ser que ciertas personas tiendan a esto. Satán tiene influencia directa en este tipo de relación. Tarde o temprano estos nuevos “amigos” te harán caer. Las relaciones plenas y duraderas deben estar basadas en un deseo mutuo de revelar Luz espiritual y energía positiva a nuestro mundo, no satisfacer el ego. Los amigos reales se ayudan mutuamente para crecer espiritualmente. Hay una atención incondicional y una interdependencia de ambos lados de ayudarse el uno al otro para ser personas mejores y más balanceadas espiritualmente. Cuando nos relacionamos con gente equivocada, siempre terminamos en problemas. Este párrafo elimina el poder de Satán de manera que no podrá influenciarnos en ofrecer amistad a personas por todas las razones equivocadas.

וַיָּרֵעוּ אֹתָנוּ הַמִּצְרִים מצר, כְּמָה מ"ה שֶׁנֶּאֱמַר, הָבָה
נִתְחַכְּמָה לוֹ פֶּן יִרְבֶּה וְהָיָה יהה יהוה כִּי תִקְרֶאנָה
מִלְחָמָה וְנוֹסַף גַּם הוּא עַל שֹׂנְאֵינוּ וְנִלְחַם בָּנוּ
וְעָלָה מִן הָאָרֶץ:

Los egipcios nos maltrataron, como se dijo: “Vamos a ingeniarnos para que no se multipliquen y, si tenemos una guerra, se unan a nuestros enemigos para luchar contra nosotros, y se vayan del país.”

VAYANUNU

El comienzo de este párrafo es en plural, y el final es en singular. Los Cabalistas explican que el plural se refiere a las personas en Egipto que estaban esclavizadas. El singular se refiere a la Luz de Dios dentro de cada persona que también estaba esclavizada. Manteniéndonos en esclavitud, literalmente aprisionamos a Dios, impidiendo que Su Luz ilumine. ¿Realmente queremos esa responsabilidad sobre nuestras cabezas? Este párrafo despierta esta idea dentro de nosotros, motivándonos a buscar nuestra libertad con el propósito de compartir nuestra Luz con otros.

וַיְעַנּוּנוּ, כְּמָה מ"ה שֶׁנֶּאֱמַר, וַיָּשִׂימוּ עָלָיו שָׂרֵי מִסִּים
לְמַעַן עַנֹּתוֹ בְּסִבְלֹתָם וַיִּבֶן עָרֵי מִסְכְּנוֹת לְפַרְעֹה
אֶת פִּתֹם וְאֶת רַעַמְסֵס:

Como se dijo, ellos nos oprimieron: “Pusieron sobre ellos capataces exigentes que los oprimieron con sus cargas, y edificaron para el Faraón las ciudades de Pitom y Ramsés.”

VAYITNÚ

Se dice, *ellos nos dieron trabajo pesado.* Sabemos por la Torá que cada vez que los israelitas se encontraban con alguna privación en el desierto, ellos le suplicaban a Moshé que los llevara de regreso a Egipto, inspirando la pregunta: "¿Cuán difícil pudo haber sido realmente estar en Egipto?" El *Zóhar* explica que la esclavitud no era física, sino que era de alma y mente. Los egipcios nos bombardearon con magia negra, pensamientos negativos y alimentaron nuestro ego. Los israelitas vivieron de esta manera sin ninguna consideración por las consecuencias espirituales de su comportamiento. El concepto de Luz espiritual nunca entró en la ecuación. Libertad significa liberación de los pensamientos negativos y estado de conciencia limitada que nos confina a tal estrecha visión de la vida y a todo lo que la vida nos puede ofrecer. Libertad significa desprendernos de nuestro pensamiento egoísta, centrado en nosotros mismos para asumir una visión positiva, integral del mundo y del cosmos.

וַיִּתְּנוּ עָלֵינוּ עֲבוֹדָה קָשָׁה, כְּמָה מ"ה שֶׁנֶּאֱמַר,
וַיַּעֲבִדוּ מִצְרַיִם מצר אֶת בְּנֵי יִשְׂרָאֵל בְּפָרֶךְ: וַנִּצְעַק
אֶל יְהֹוָהאדניאהדונהי אֱלֹהֵי דמב אֲבֹתֵינוּ וַיִּשְׁמַע
יְהֹוָהאדניאהדונהי אֶת קֹלֵנוּ וַיַּרְא אֶת עָנְיֵנוּ וְאֶת עֲמָלֵנוּ
וְאֶת לַחֲצֵנוּ:

Como se dijo, nos impusieron trabajos pesados: "Y los egipcios subyugaron a los hijos de Israel con dureza. Y clamamos a HaShem, Dios de nuestros padres; y HaShem escuchó nuestro clamor, vio nuestra aflicción, nuestra pena y nuestra opresión."

VANITSAK

Clamamos a Dios y Él nos escuchó. Una observación intrigante que puede llevar a una persona a concluir que Dios escucha sólo a aquellos que claman. ¿Eso significa que a Dios no le importa que sintamos dolor? ¿Debemos sufrir hasta el punto de gritar alto antes de que nos conteste? ¿Dios escucha a algunos (los que claman) pero no a otros? La palabra *clamar* se refiere a un grito interno de reconocimiento y admisión que ocurre en el interior. Dios sólo nos puede ayudar si nosotros pedimos ayuda genuinamente. El primer prerrequisito para pedir ayuda es reconocer que nuestra propia negatividad nos ha llevado al caos. Segundo, debemos admitirnos a nosotros mismos que solos no podemos alcanzar ningún control o cambio positivo sin la Luz del Creador. Esta verdad se deberá clamar desde dentro de nosotros, rompiendo el silencio de auto negación.

וַנִּצְעַק אֶל יְהֹוָהאדניאהדונהי אֱלֹהֵי דמב אֲבוֹתֵינוּ, כְּמָה מ"ה
שֶׁנֶּאֱמַר, וַיְהִי בַיָּמִים הָרַבִּים נלך הָהֵם

Clamamos A HaShem, Dios de nuestros padres, como se dijo: "Cuando habían pasado muchos años,

וַיָּמָת מֶלֶךְ מִצְרַיִם מצר וַיֵּאָנְחוּ בְנֵי יִשְׂרָאֵל מִן
הָעֲבֹדָה וַיִּזְעָקוּ וַתַּעַל שַׁוְעָתָם אֶל הָאֱלֹהִים ילה מִן
הָעֲבֹדָה:

El rey de Egipto murió, y los hijos de Israel gimieron a causa de su servidumbre y se lamentaron, y el lamento por su esclavitud subió a Dios."

VAYISHMÁ

Y Dios escuchó. ¿Por qué la mayoría de nuestras plegarias no son respondidas? Desafortunadamente, la mayoría de nosotros no conoce la metodología verdadera para encender una oración. La mayoría de las oraciones se conectan a través de la energía de Avraham, Yitsjak y Yaakov. El poder de sus nombres, las fuerzas encubiertas dentro de las letras de sus nombres y nuestro reconocimiento de que su energía espiritual permanece en el cosmos hoy, son los encendedores necesarios para encender nuestras plegarias. A través de Avraham, Yitsjak y Yaakov, podemos estar parados sobre los hombros de gigantes e impulsar nuestras oraciones a los Mundos Superiores.

Pero, si creemos que sus nombres aparecen en nuestras oraciones simplemente por tradición y recuerdos, hemos perdido la oportunidad. Este conocimiento que acabamos de aprender nos ayudará a encender nuestras plegarias.[35]

וַיִּשְׁמַע יְהֹוָהאדניאהדונהי אֶת קֹלֵנוּ, כְּמָה מ"ה שֶׁנֶּאֱמַר,
וַיִּשְׁמַע אֱלֹהִים ילה אֶת נַאֲקָתָם וַיִּזְכֹּר אֱלֹהִים ילה
אֶת בְּרִיתוֹ

HaShem escuchó nuestro clamor, como se dijo: "Dios oyó sus lamentaciones y se acordó de su pacto

35. El Baal Shem Tov era un gran Cabalista y Rabino que vivió durante el siglo 18. Hay una historia que nos ayudará a transmitir el principio del trabajo en la conexión de *Vayishmá*. Se dice que el Baal Shem Tov tenia un lugar secreto en el bosque adonde iba todos los días a rezar. Ese sitio era muy poderoso, dándole al Baal Shem Tov una línea directa con el Ceador. Este gran sabio también conocía una oración especial y meditación que tenía el poder de alcanzar al Creador, lo cual siempre generaba una respuesta positiva. Uno de los estudiante del Baal Shem Tov ofreció una plegaria al Creador y dijo,"Yo no conozco el lugar secreto donde mi santo maestro reza cada día, pero yo conozco las palabras secretas y también el bosque en el que él reza. Así que, por favor acepta mi propia oración." Sus oraciones fueron aceptadas. Otro estudiante ofreció su plegaria a Dios y dijo,"Yo no conozco las palabras secretas de mi maestro, tampoco conozco el lugar secreto o el bosque, pero sí conozco a un hombre que sabe cuál es el bosque en donde mi maestro reza." Por favor acepta mi oración en su mérito." Las oraciones del joven fueron respondidas. Invocando los nombres de Avraham, Yitsjak y Yaacov en nuestras oraciones, estamos pidiendo a Dios que las acepte por el mérito de esos grandes patriarcas.

אֶת אַבְרָהָם רמ"ח וחכמה **אֶת יִצְחָק** ד"פ ב"ן **וְאֶת יַעֲקֹב:**

Con Avraham, con Yitsjak y con Yaakov.

VAYAR

Dios vio nuestro dolor. Esto se refiere a un nivel espiritual que todos tenemos que alcanzar, que es sentir el dolor de otros. Cuando Dios ve el dolor de la gente, es como si Dios Mismo estuviese experimentando la misma cantidad de dolor, igual que cuando un padre siente el dolor de un hijo. Si un amigo o un conocido nuestro se rompe un brazo, ¿realmente sentiríamos el mismo dolor en nuestro brazo?

Este es el nivel espiritual por el cual estamos luchando. La Cabalá nos enseña que todas las almas de la humanidad descienden del alma unificada de Adam. De acuerdo a esto, no estamos luchando para sentir el dolor de otros porque es algo agradable y espiritual de hacer. La razón real es que cada persona es una parte de nosotros mismos en un nivel más profundo de la realidad. Cuando tú te cortas un brazo, tu cuerpo entero reacciona y responde tratando de curarlo. El mismo principio funciona aquí.

וַיַּרְא אֶת עָנְיֵנוּ, זוֹ פְּרִישׁוּת דֶּרֶךְ ב"פ יב"ק **אֶרֶץ. כְּמָה** מ"ה **שֶׁנֶּאֱמַר, וַיַּרְא אֱלֹהִים** ילה **אֶת בְּנֵי יִשְׂרָאֵל וַיֵּדַע אֱלֹהִים** ילה**:**

HaShem vió nuestra aflicción, esto es, la fractura de la vida familiar como se dijo: "Dios vio a los hijos de Israel y los compadeció."

VEET AMALENU

Estos son los hijos. Es importante enseñar apropiadamente a nuestros hijos las lecciones espirituales de la vida, porque ellos van a seguir el camino que nosotros les preparemos, ya sea que lo sepamos o no. Aún mientras ellos duermen, nuestros hijos están afectados por nuestras acciones espirituales. El Arí, en su tratado Cabalístico *Las Puertas de la Reencarnación,* explica que parte de nuestra alma viene de nuestra madre, y parte viene de nuestro padre. Siempre hay un lazo espiritual invisible entre ambos padres y el hijo. Debemos aprender a enseñar a nuestro hijo, no de la manera haz–lo–que –digo–pero–no–lo–que–hago, sino en una manera espiritual donde ponemos el ejemplo a través de nuestras acciones, tanto visibles como invisibles.

וְאֶת עֲמָלֵנוּ, אֵלוּ הַבָּנִים. כְּמָה מ"ה **שֶׁנֶּאֱמַר, וַיְצַו פַּרְעֹה לְכָל** יה אדני **עַמּוֹ לֵאמֹר כָּל** ילי **הַבֵּן הַיִּלּוֹד הַיְאֹרָה תַּשְׁלִיכֻהוּ וְכָל הַבַּת תְּחַיּוּן:**

HaShem vio nuestra pena, la cual se refiere a los hijos. Como se dijo: "A todo niño varón que naciera lo arrojarás al río, pero dejarás con vida a toda niña."

VEET LAJATSENU

Los sabios explican que Veet Lajatsenu se refiere al término *nuestra presión*. Esta presión se refiere a las fuerzas de cambio espiritual. La presión puede ser auto-impuesta, nosotros escogemos apagar nuestros impulsos reactivos. O la presión puede venir de circunstancias externas difíciles. Estar esclavizados en Egipto es una presión reactiva designada para provocar cambio a través del dolor. Podemos evitar el camino reactivo mediante el poder de este párrafo. El Rabino Áshlag nos enseña que estos dos caminos están siempre a nuestra disposición. Este párrafo nos da la fuerza y conocimiento para reconocer siempre y escoger el camino proactivo y evitar el camino de tormento y sufrimiento.

וְאֶת לַחֲצֵנוּ, זוֹ הַדְּחַק. כְּמָה מ"ה שֶׁנֶּאֱמַר, וְגַם
רָאִיתִי אֶת הַלַּחַץ אֲשֶׁר מִצְרַיִם מצר לֹחֲצִים אֹתָם:
וַיּוֹצִאֵנוּ יְהֹוָה יאהדונהי מִמִּצְרַיִם מצר בְּיָד חֲזָקָה וּבִזְרֹעַ
נְטוּיָה וּבְמֹרָא גָּדֹל וּבְאֹתוֹת וּבְמֹפְתִים:

HaShem vio nuestra opresión, que se refiere a la opresión verbal, como está dicho: "Y he visto la opresión que los egipcios han ejercido sobre ellos." HaShem nos sacó de Egipto con mano poderosa, con el brazo extendido, en medio de gran espanto, de señales y de milagros."

VAYOTSIENU

HaShem nos sacó de Egipto sin intermediarios, ángeles o mensajeros. Era Dios Mismo quien nos liberó de Egipto. Esta oportunidad ocurre una vez al año, en Pésaj, cuando Dios Mismo baja para liberarnos de la esclavitud de nuestra naturaleza reactiva. No debemos desperdiciar esta oportunidad de conectarnos con esta gran Luz ya que nuestra esclavitud es la raíz de todo el caos de nuestra vida.

Debemos también generar un sentido de apreciación ya que Dios se está conectando con nosotros directamente. Normalmente, Dios trabaja a través de intermediarios como Avraham, Yitsjak y Yaakov o de varios ángeles que habitan la atmósfera espiritual. Despertar una apreciación por esta conexión directa nos ayuda a conservarla. Forma parte de la naturaleza humana apreciar algo sólo después que lo perdemos. Esta sección nos ayuda a prevenir que esto pase.

וַיּוֹצִיאֵנוּ יְהֹוָה יאהדונהי מִמִּצְרַיִם, מצר, לֹא עַל יְדֵי
מַלְאָךְ וְלֹא עַל יְדֵי שָׂרָף וְלֹא עַל יְדֵי שָׁלִיחַ.
אֶלָּא הַקָּדוֹשׁ בָּרוּךְ הוּא בִּכְבוֹדוֹ וּבְעַצְמוֹ.

HaShem nos sacó de Egipto, no a través de un ángel ,no a través de un serafín y no a través de un mensajero. Sino HaShem Mismo, Bendito Sea, en Su gloria y por Él mismo,

שֶׁנֶּאֱמַר, וְעָבַרְתִּי בְאֶרֶץ מִצְרַיִם מצר בַּלַּיְלָה מלה
הַזֶּה והו וְהִכֵּיתִי כָל ילי בְּכוֹר בְּאֶרֶץ מִצְרַיִם מצר
מֵאָדָם וְעַד בְּהֵמָה לכב וּבְכָל לכב אֱלֹהֵי דמב
מִצְרַיִם מצר אֶעֱשֶׂה שְׁפָטִים אֲנִי אני יְהֹוָהאדניאהדונהי:

como se dijo: "Pasaré por la tierra de Egipto en aquella noche; heriré de muerte a todo primogénito de Egipto, tanto hombre como bestia, y ejecutaré juicio contra todo los dioses de Egipto. Yo, HaShem."

VEAVARTI

Dios fue a través de Egipto esta noche y mató a todos los primogénitos. Tomado literalmente, este versículo casi hace parecer a Dios malo. El significado espiritual escondido dentro de este verso concierne a la ley universal de causa y efecto. Dios no castiga, contrariamente a 2,000 años de creencias.[36] Nosotros nos lo hacemos a nosotros mismos. Los egipcios juraron masacrar a los primogénitos de los israelitas. El cosmos trabaja como un espejo. Maldice en un espejo y la imagen maldice de regreso. Sonríe en el espejo y la imagen sonríe de regreso. Hemos estado recibiendo el control y el libre albedrío de interactuar con el cosmos de cualquier manera que escojamos. La Cabalá nos enseña la manera más productiva y satisfactoria de realizar nuestras interacciones, poniendo de un lado nuestro ego y mostrando atención y compasión hacia otros.

וְעָבַרְתִּי בְאֶרֶץ מִצְרַיִם מצר בַּלַּיְלָה מלה הַזֶּה והו,
אֲנִי אני וְלֹא מַלְאָךְ. וְהִכֵּיתִי כָל ילי בְּכוֹר בְּאֶרֶץ
מִצְרַיִם מצר אֲנִי אני וְלֹא שָׂרָף.

"Pasaré la tierra de Egipto en aquella noche, Yo, y no un ángel." "Heriré de muerte a todo primogénito de Egipto": no "Yo y un serafín."

---

36. Una persona conecta una computadora en el enchufe de la pared y hace una fortuna vendiendo cosas por Internet. La electricidad en el enchufe está considerada como una fuerza positiva y productiva que beneficia la vida de esa persona. Otra persona mete el dedo en el mismo enchufe y se electrocuta. ¿Podemos decir que la intención de la corriente eléctrica era castigar al individuo? Por supuesto que no. ¿Cambió la naturaleza de la electricidad en cada escenario? No. Lo que cambió fue la manera en la cual la persona se conectó con la energía. La Luz de Dios actúa de la misma manera. Es una fuerza siempre presente de energía espiritual. Si nos comportamos en forma proactiva, con amor y preocupación por otros, esta fuerza genera Luz en nuestras vidas. Si abusamos de otros y actuamos en forma reactiva, recibimos una sacudida y una conmoción. El problema es que hemos estado viviendo la vida con nuestro dedo introducido en el enchufe durante 2,000 años. Esta es la ley de causa y efecto, y su propósito es permitirnos el libre albedrío de cambiar.

וּבְכָל לכב אֱלֹהֵי דמב מִצְרַיִם מצר אֶעֱשֶׂה שְׁפָטִים
אֲנִי אני וְלֹא הַשָּׁלִיחַ. אֲנִי אני יְהֹוָהאדניאהדונהי, אֲנִי אני
הוּא וְלֹא אַחֵר:

"Ejecutaré juicio contra todos los dioses de Egipto": no "Yo y el mensajero." "Yo, HaShem", no algún otro.

BEYAD JAZAKÁ

Cabalísticamente, hay tres Manos, o tres fuerzas de energía, que funcionan en el cosmos. Una es llamada la Mano Grande (*Yad Hagdolá*), la cual es la Columna Derecha.[37] Nos conectamos con la Mano Grande a través de la separación del Mar Rojo. La segunda mano es llamada la Mano Poderosa (*Yad Jazaká*), la cual es la Columna Izquierda. Esta es la columna con la que nos conectamos en este momento a través de la *Hagadá*. La Mano Poderosa se conecta con la inmortalidad.[38] La tercera mano es llamada la Mano Elevada (*Yad Ramá*), la cual es la Columna Central. El Éxodo de Egipto ocurrió a través de la Columna Central de la Mano Elevada.

בְּיָד חֲזָקָה, זוֹ הַדֶּבֶר. כְּמָה מ״ה שֶׁנֶּאֱמַר, הִנֵּה יַד
יְהֹוָהאדניאהדונהי הוֹיָה בְּמִקְנְךָ אֲשֶׁר בַּשָּׂדֶה בַּסּוּסִים
בַּחֲמֹרִים בַּגְּמַלִּים בַּבָּקָר וּבַצֹּאן דֶּבֶר כָּבֵד מְאֹד:

Con mano poderosa se refiere a la peste, como se dijo: "¡Mira!, la mano de HaShem se abatirá con una severa peste sobre tu ganado que está en el campo, tus caballos, tus asnos, camellos, bovinos y ovejas."

---

37. Hay tres fuerzas incluidas dentro del universo: la fuerza de compartir (Columna Derecha), la fuerza de recibir (Columna Izquierda), y la fuerza de balance (Columna Central). Estas tres fuerzas existen tanto en el mundo físico como en el espiritual. Físicamente, ellas representan el protón (Columna Derecha), el electrón (Columna Izquierda) y el neutrón (Columna Central). Estas tres partículas subatómicas son los bloques que construyen el átomo. Necesitamos las tres columnas para crear un circuito de energía física y espiritual.
38. El Cabalista del siglo 16 Rabí Avraham Azulai escribió que los secretos de la inmortalidad empezarán a emerger alrededor del año 5760 según el calendario hebreo, el año 2000 (del calendario gregoriano. N.T). La inmortalidad fue siempre considerada el gran tabú en las ciencias médicas. De repente, en 1998, la firma biotécnica Geron anunció que era capaz de producir células vástago humanas inmortales en el laboratorio. Estas células vástago son únicas ya que ellas están en un estado indefinido, permitiéndoles desarrollarse en una variedad de otras células como células de riñón o corazón. Notablemente, se encontró que estas células vástago son inmortales.
    Tom Okarma, el vicepresidente de investigación y desarrollo de Geron, dijo, "El descubrimiento del que estamos hablando es la derivación de células vástago embriónicas que son capaces de desarrollarse en todas las células y tejidos del cuerpo y son inmortales. Las células son inmortales. Ellas vivirán para siempre."

UVIZROÁ

La espada de Satán está extendida sobre Jerusalem para destruirla. ¿Por qué se hace esta declaración negativa en la Hagadá? Para enseñarnos que en el Pésaj original no completamos nuestro trabajo espiritual. Si pensamos que sí lo hicimos, Satán sólo se pondrá más fuerte. Hoy más que nunca, debemos entender que la Cabalá no es una religión, que la fuerza de Satán es real, que nuestro ego y comportamiento reactivo es la raíz de todo el caos. Con esta toma de conciencia, podemos utilizar Pésaj como se supone que debe ser usada: como un arma poderosa de libertad que nos puede ayudar a liberarnos de las cadenas de nuestro ego. Ese es el trabajo que aún debe ser completado.

וּבִזְרֹעַ נְטוּיָה, זוֹ הַחֶרֶב. כְּמָה מ״ה שֶׁנֶּאֱמַר,
וְחַרְבּוֹ ר״ו שְׁלוּפָה בְּיָדוֹ נְטוּיָה עַל יְרוּשָׁלָיִם.

Con el brazo extendido, sugiere la espada de la destrucción, como se dijo: "La espada desenvainada en su mano, extendida contra Jerusalem."

UVMORÁ

Con gran miedo. La Hagadá explica que este versículo se refiere a la manifestación de la Shejiná, la presencia de Dios en nuestro mundo físico. Mientras estábamos en Egipto, no teníamos una conexión suficientemente fuerte con la Shejiná porque estábamos metidos hasta el cuello en nuestra propia negatividad. Alcanzamos en realidad la puerta número 49 del mal.[39] Por eso, no nos merecíamos el Éxodo de Egipto. Durante los 49 días *después* de Pésaj, los israelitas limpiaron cada puerta de negatividad trabajando sobre ellos mismos espiritualmente, lo cual se significó en su tormentoso viaje a través del desierto.

Cuando la Hagadá dice que nos conectamos con la Shejiná, no se refiere a los tiempos antiguos en Egipto. Se refiere a la festividad de Shavuot, que ocurre exactamente 49 dias después de Pésaj.

וּבְמוֹרָא גָּדוֹל, זוֹ גִּלּוּי שְׁכִינָה. כְּמָה מ״ה שֶׁנֶּאֱמַר,
אוֹ הֲנִסָּה אֱלֹהִים ילה לָבוֹא לָקַחַת לוֹ גוֹי מִקֶּרֶב גּוֹי
בְּמַסֹּת בְּאֹתֹת וּבְמוֹפְתִים וּבְמִלְחָמָה וּבְיָד חֲזָקָה
וּבִזְרוֹעַ נְטוּיָה וּבְמוֹרָאִים גְּדֹלִים

Con gran temor reverencial: Ésta es la revelación de la Shejiná. Como se dijo: "¿Ha intentado Dios alguna vez rescatar para Sí una nación del medio de otra, con prodigios, señales, milagros, guerras, una mano poderosa, el brazo extendido y grandes espantos,

39. Hay 50 puertas o 50 niveles de negatividad. Una vez que una persona alcanza la puerta 50, es el mal personificado. No hay vuelta atrás. Su oportunidad de cambiar y transformarse en su vida presente se desvanece.

בְּכֹל אֲשֶׁר עָשָׂה לָכֶם יְהֹוָה יאהדונהי אֱלֹהֵיכֶם ילה
בְּמִצְרַיִם מצר לְעֵינֶיךָ:

como lo hizo por ustedes su Dios en Egipto, ante vuestros propios ojos?"

UVEOTOT

Ésta es la vara. Desde el momento de la Creación, la vara de Moshé estaba hecha y cargada con el poder de alcanzar todos los milagros que sucederían durante el tiempo de la esclavitud en Egipto. Hay una historia que trata de la vara y el suegro de Moshé, Yitró. La vara estaba alojada en la tierra dentro de la casa de Yitró. Yitró ofreció gran cantidad de dinero, junto con la mano de su hija en matrimonio, a cualquiera que pudiera extraer la vara de la tierra. Yitró sabía que la vara poseía un tremendo poder espiritual, más allá de la comprensión mortal, En la vara estaban grabados los 72 Nombres de Dios[40] y el nombre de Dios de 42 letras, el Aná Becóaj.[41] Cuando Moshé fue a la casa de Yitró, sacó la vara de la tierra. Ella estaba liberada ahora para su legítimo dueño. Esta conexión nos da el poder de los milagros que la vara representa.

וּבְאֹתוֹת, זֶה הַמַּטֶּה. כְּמָה מ"ה שֶׁנֶּאֱמַר, וְאֶת הַמַּטֶּה
הַזֶּה והו תִּקַּח בְּיָדֶךָ אֲשֶׁר תַּעֲשֶׂה בּוֹ אֶת הָאֹתֹת:

Con señales, se refiere a los milagros realizados con la vara de Moshé, como se dijo: "Toma esta vara en tu mano, y con ella harás señales milagrosas."

UVEMOFTIM

Este párrafo se refiere a la plaga de la sangre. De todas las 10 plagas, fue la plaga de la sangre la que demostró la diferencia entre Egipto y los israelitas y el sumo poder de Dios. Por ejemplo, al tomar agua, un israelita tomaba un líquido claro mientras que el agua en el vaso de los egipcios se transformaba en sangre. Este párrafo nos da el poder de protección durante cualquier ataque de caos, siempre y cuando nos mantengamos conectados espiritualmente.

וּבְמוֹפְתִים זֶה הַדָּם. כְּמָה מ"ה שֶׁנֶּאֱמַר.

Con milagros se refiere a la sangre. Como se dijo:

---

40. Los 72 Nombre de Dios es una fórmula que Moshé usó para realizar los milagros en Egipto. Esta fórmula estuvo oculta en el *Zóhar* por más de 2.000 años. Consiste de 72 secuencias de tres letras criptografiadas dentro de la historia del Éxodo en la Torá. Cada secuencia de tres letras nos da un poder particular para superar los numerosos rasgos negativos de la naturaleza humana, de la misma manera que Moshé usó esta tecnología espiritual para superar el poder de la madre naturaleza.
41. Ará Becóaj es otra fórmula, compuesta de 42 letras, que nos da la habilidad de trascender este mundo físico con todas sus limitaciones. Aná Becóaj puede, literalmente, eliminar la fricción, barreras y obstáculos asociados con nuestra existencia física. Puede inyectar orden en el caos, eliminar la influencia de Satán de nuestra naturaleza, generar sustento financiero, despertar unidad y amor por otros, proveer energía de sanación al cuerpo y al alma. Podemos recitar o recorrer visualmente Aná Becóaj todos los días.

וְנָתַתִּי מוֹפְתִים בַּשָּׁמַיִם י"פ טל וּבָאָרֶץ

"Mostraré milagros en los cielos y en la Tierra."

Mientras recitamos las siguientes cuatro palabras, derramamos vino de nuestra copa

דָּם וָאֵשׁ וְתִימְרוֹת עָשָׁן:

Sangre y fuego y columnas de humo

דָּבָר ראה אַחֵר, בְּיָד חֲזָקָה שְׁתַּיִם. וּבִזְרֹעַ נְטוּיָה שְׁתַּיִם. וּבְמוֹרָא גָּדוֹל שְׁתַּיִם. וּבְאֹתוֹת שְׁתַּיִם. וּבְמוֹפְתִים שְׁתַּיִם.

Otra cosa [otra interpretación del versículo anterior es que cada palabra representa dos plagas.]Con la mano poderosa serían dos plagas, con el brazo extendido otras dos, gran espanto otras dos, señales otras dos y milagros otras dos.

LAS DIEZ PLAGAS

El término *Diez Plagas* es una clave representando 10 niveles de energía que sustentan a las Klipot. Las Klipot son cáscaras de negatividad creadas por nuestras acciones y hechos negativos. Las llamamos cáscaras porque ellas atrapan destellos de Luz, similar a la forma en la que una cáscara oculta una nuez. Las Klipot roban chispas de Luz de nosotros cada vez que cometemos una mala acción. Las Klipot existen en cada una de las 10 Sefirot, las 10 dimensiones de las que está hecha nuestra realidad. Cada una de las 10 plagas que recitamos ahora elimina la Luz de las Klipot en las 10 dimensiones. Con su fuerza de vida cortada, las Klipot morirán, liberándonos de sus garras.

De acuerdo a la Cabalá, los egipcios representan las Klipot. ¿Por qué los sabios consideran a los egipcios en este nivel tan bajo? Aún con su magia negra, su constante conducta reactiva, y las acciones negativas, ¿estas características justifican clasificarlos como Klipot? No. La razón por la que ellos representan las Klipot es porque ningún egipcio trató ni siquiera a un israelita, o aún más, a otro egipcio con dignidad humana y sensibilidad.

Rav Berg nos enseña que si no tratamos a las personas con dignidad humana, nunca habrá libertad genuina, realización en la tierra, o paz entre las naciones. Nunca. No importa cuanto meditemos, oremos y hagamos ritos y rituales, si tratamos a nuestros amigos y nuestros enemigos sin algo semejante a la compasión y sensibilidad humana, esto nos llevará directo de regreso al caos y destrucción.

Hay dos nombres sagrados que nos ayudan con este proceso:

Yud Vav Hei Jaf final יוהך y *Jaf Hei Tav* כהת.

אֵלּוּ עֶשֶׂר מַכּוֹת שֶׁהֵבִיא הַקָּדוֹשׁ בָּרוּךְ הוּא עַל
הַמִּצְרִים מצר בְּמִצְרַיִם מצר וְאֵלּוּ הֵן:

Estas fueron las diez plagas que El Santísimo, Bendito es Él, trajo a los egipcios en Egipto:

A medida que recitamos cada verso, derramamos un poco de vino de la copa

דָּם. צְפַרְדֵּעַ. כִּנִּים. עָרוֹב. דֶּבֶר. שְׁחִין.

בָּרָד. אַרְבֶּה. חֹשֶׁךְ. מַכַּת בְּכוֹרוֹת:

Sangre, ranas, piojos, tábanos, peste de ganado, sarna, granizo, langosta, oscuridad, muerte de los primogénitos.

RABÍ YEHUDÁ

Después de recitar las 10 plagas, el gran sabio **Rabí Yehudá** nos dio un acrónimo. Cuando recitamos o rezamos la Hagadá, ángeles llevan nuestras oraciones los Mundos Superiores. Actúan como nuestro sistema de transporte. Hay ciertos momentos en los cuales no queremos intermediarios. Necesitamos ir directo a la fuente. El lenguaje arameo es una clave que los ángeles no pueden entender.[42] Los acrósticos son otras secuencias de letras hebreas que están por encima de la comprensión de los ángeles. Debido a que el lado negativo de Satán también tiene ángeles que pueden influenciar y sabotear nuestras conexiones, empleamos el arameo y acrósticos cuando queremos pasar por encima de sus "rutas de transporte." Claves, acrósticos y el lenguaje arameo son nuestras súperarmas en la batalla contra el mal y las fuerzas negativas.

Hay un debate interesante concerniente a cuántas plagas en realidad golpearon a Egipto. **Rabí Yosi** dice que hubo 10 plagas y que en la separación del Mar Rojo hubo otras 50. **Rabí Eliézer** dice que hubo 40 en Egipto y 200 en el Mar Rojo. **Rabí Akivá** dice 50 en Egipto y 250 en el Mar Rojo.

¿Cuál de estos grandes sabios tenía razón? Todos están en lo cierto, en un nivel profundo de la realidad. Los Cabalistas explican que cuando sumamos juntas todas las letras de las 10 plagas, obtenemos 3.280. Numéricamente ésto es igual a la cantidad de ángeles negativos que residen en nuestro universo.

Cada uno de los Rabies se conectó a un camino diferente para destruir la negatividad. Cada uno usó el nombre sagrado que lo conectaba con su alma. Cada una de nuestras almas se conecta a uno o a todos estos caminos. Afortunadamente, nuestro camino para destruir a Satán ha sido ya pavimentado por estos grandes gigantes.

---

42. Kol Nidré, el cual es recitado en Yom Kipur, el *Zóhar*, el Kadísh y el Talmud están todos escritos en arameo. El certificado de matrimonio de acuerdo a la Cabalá está también compuesto en arameo. Esto protege a estas conexiones sagradas y documentos de cualquier influencia negativa

רַבִּי יְהוּדָה הָיָה יהה נוֹתֵן בָּהֶם סִמָּנִים:

Rabí Yehudá solía referirse a las plagas como sigue:

Derramamos tres veces un poco de vino de la copa

דְּצַ"ךְ עֲדַ"שׁ בְּאַחַ"ב:

Detsaj, Adash, Bajav

Volvemos a llenar las copas. El vino que vertimos no se usa.

RABÍ YOSI

El nombre de **Rabí Yosi** suma 386. El valor del nombre sagrado Shin Pei Vav שפו es también 386. Meditamos en esta secuencia antes de recitar las palabras de **Rabí Yosi**. Los Cabalistas nos enseñan que **Rabi Yosi** es una chispa del Rey David. La frase *David, hijo de Yishai* דוד בן ישי también suma 386.

רַבִּי יוֹסֵי הַגְּלִילִי אוֹמֵר: מִנַּיִן אַתָּה אוֹמֵר שֶׁלָּקוּ הַמִּצְרִים מצר בְּמִצְרַיִם מצר עֶשֶׂר מַכּוֹת וְעַל הַיָּם ילי לָקוּ וַחֲמִשִּׁים מַכּוֹת. בְּמִצְרַיִם מצר מַה מ"ה הוּא אוֹמֵר, וַיֹּאמְרוּ הַחַרְטֻמִּים אֶל פַּרְעֹה אֶצְבַּע אֱלֹהִים ילה הִוא. וְעַל הַיָּם ילי מָה מ"ה הוּא אוֹמֵר, וַיַּרְא יִשְׂרָאֵל אֶת הַיָּד וזהו הַגְּדֹלָה אֲשֶׁר עָשָׂה יְהֹוָהאדניאהדונהי בְּמִצְרַיִם מצר וַיִּירְאוּ הָעָם אֶת יְהֹוָהאדניאהדונהי וַיַּאֲמִינוּ בַּיהֹוָהאדניאהדונהי וּבְמֹשֶׁה מהש עַבְדּוֹ: כַּמָּה מ"ה לָקוּ בְּאֶצְבַּע עֶשֶׂר מַכּוֹת.

Rabí Yosi el galileo dijo: "¿Cómo concluimos que los egipcios fueron castigados en Egipto con diez plagas, y en el Mar Rojo con 50? Al hablar de las plagas de Egipto, la Torá dice: 'y dijeron los magos del Faraón, "Es el Dedo de Dios." Respecto al Mar Rojo, dice la Torá: "Israel vio la mano poderosa que HaShem descargó sobre Egipto, y el pueblo temió a HaShem y creyó en HaShem y en Moshé, su siervo." ¿Cuántas plagas ellos recibieron con el Dedo? Diez.

אֱמוֹר מֵעַתָּה, בְּמִצְרַיִם מצר לָקוּ עֶשֶׂר מַכּוֹת וְעַל הַיָּם ילי לָקוּ וַחֲמִשִּׁים מַכּוֹת:

Podemos decir, en Egipto ellos recibieron diez plagas y en el Mar Rojo ellos recibieron 50 plagas."

RABÍ ELIÉZER

El nombre de **Rabí Eliézer** suma 530, igual que el nombre sagrado *Tav, Kof, Lámed* תקל. Meditamos en este nombre antes de recitar el discurso de **Rabí Eliézer.**

רַבִּי אֱלִיעֶזֶר אוֹמֵר: מִנַּיִן שֶׁכָּל מַכָּה וּמַכָּה שֶׁהֵבִיא הַקָּדוֹשׁ בָּרוּךְ הוּא עַל הַמִּצְרִים מצר בְּמִצְרַיִם מצר הָיְתָה שֶׁל אַרְבַּע מַכּוֹת. שֶׁנֶּאֱמַר, יְשַׁלַּח בָּם מ"ב חֲרוֹן אַפּוֹ עֶבְרָה וָזַעַם וְצָרָה מִשְׁלַחַת מַלְאֲכֵי רָעִים: עֶבְרָה אַחַת. וָזַעַם שְׁתַּיִם. וְצָרָה שָׁלֹשׁ. מִשְׁלַחַת מַלְאֲכֵי רָעִים אַרְבַּע. אֱמוֹר מֵעַתָּה, בְּמִצְרַיִם מצר לָקוּ אַרְבָּעִים מַכּוֹת וְעַל הַיָּם ילי לָקוּ מָאתַיִם מַכּוֹת:

Rabí Eliézer dijo: "¿Cómo se puede deducir que cada plaga que el Santísimo, bendito es Él, infligió a los egipcios en Egipto era igual a cuatro plagas? Como se dijo: "Envió sobre los egipcios el furor de su cólera: ira, enojo, angustia, una banda de emisarios del mal." "Ira" es uno; "enojo" es dos; "angustia" es tres; y "una banda de emisarios del mal" es cuatro. Por tanto, si cada plaga es cuádruple, fueron castigados con cuarenta plagas en Egipto y junto al Mar Rojo con doscientas."

RABÍ AKIVÁ

El valor de Rabí Akivá es 395, que es igual al nombre sagrado שצה.

רַבִּי עֲקִיבָא אוֹמֵר:

Rabí Akivá dijo:

מִנַּיִן שֶׁכָּל מַכָּה וּמַכָּה שֶׁהֵבִיא הַקָּדוֹשׁ בָּרוּךְ הוּא עַל הַמִּצְרִים מצר בְּמִצְרַיִם מצר הָיְתָה שֶׁל חָמֵשׁ מַכּוֹת. שֶׁנֶּאֱמַר, יְשַׁלַּח בָּם מ״ב חֲרוֹן אַפּוֹ עֶבְרָה וָזַעַם וְצָרָה מִשְׁלַחַת מַלְאֲכֵי רָעִים: חֲרוֹן אַפּוֹ אַחַת. עֶבְרָה שְׁתַּיִם. וָזַעַם שָׁלֹשׁ. וְצָרָה אַרְבַּע. מִשְׁלַחַת מַלְאֲכֵי רָעִים חָמֵשׁ. אֱמוֹר מֵעַתָּה בְּמִצְרַיִם מצר לָקוּ חֲמִשִּׁים מַכּוֹת וְעַל הַיָּם ילי לָקוּ חֲמִשִּׁים וּמָאתַיִם מַכּוֹת:

"¿Cómo podemos inferir que cada plaga que el Santísimo, bendito es Él, infligió a los egipcios en Egipto fue en realidad igual a cinco plagas? Porque está escrito: "Envió sobre los egipcios el furor de su cólera, ira, enojo, angustia y una expedición de emisarios del mal." Como cada plaga de Egipto consiste en 'el furor de su cólera' indica uno; 'ira' dos; 'enojo' tres; 'angustia' cuatro y 'expedición de emisarios del mal' cinco. Los egipcios fueron castigados en Egipto con 50 plagas y en el Mar Rojo con 250 plagas."

DAYENU

Es suficiente. El concepto de apreciación está en funcionamiento en esta canción. Debemos estar contentos con todo lo que tenemos en el presente – *es suficiente-* porque Dios nos da lo que realmente necesitamos y no necesariamente lo que queremos. Nuestro estado de conciencia durante esta canción debe ser de apreciación por todo lo que tenemos para asegurar que no lo vamos a perder nunca.

כַּמָּה מ״ה מַעֲלוֹת טוֹבוֹת לַמָּקוֹם עָלֵינוּ:

אִלּוּ הוֹצִיאָנוּ מִמִּצְרַיִם מצר,

וְלֹא עָשָׂה בָהֶם שְׁפָטִים דַּיֵּנוּ:

אִלּוּ עָשָׂה בָהֶם שְׁפָטִים,

וְלֹא עָשָׂה בֵאלֹהֵיהֶם דַּיֵּנוּ:

¡El Omnipresente nos ha otorgado tantos favores! Si Dios nos hubiese sacado de Egipto, pero sin someterlos a juicio, sería suficiente para nosotros. Si Dios los hubiese sometido a juicio, pero no sus dioses, sería suficiente para nosotros.

אִלּוּ עָשָׂה בֵאלֹהֵיהֶם,

וְלֹא הָרַג אֶת בְּכוֹרֵיהֶם דַּיֵּנוּ:

אִלּוּ הָרַג אֶת בְּכוֹרֵיהֶם,

וְלֹא נָתַן לָנוּ מוס אֶת מָמוֹנָם דַּיֵּנוּ:

אִלּוּ נָתַן לָנוּ מוס אֶת מָמוֹנָם,

וְלֹא קָרַע לָנוּ מוס אֶת הַיָּם יכל' דַּיֵּנוּ:

אִלּוּ קָרַע לָנוּ מוס אֶת הַיָּם יכל',

וְלֹא הֶעֱבִירָנוּ בְתוֹכוֹ בֶּחָרָבָה דַּיֵּנוּ:

אִלּוּ הֶעֱבִירָנוּ בְתוֹכוֹ בֶּחָרָבָה,

וְלֹא שִׁקַּע צָרֵינוּ בְּתוֹכוֹ דַּיֵּנוּ:

אִלּוּ שִׁקַּע צָרֵינוּ בְּתוֹכוֹ,

וְלֹא סִפֵּק צָרְכֵּנוּ בַּמִּדְבָּר אַרְבָּעִים שָׁנָה דַּיֵּנוּ:

אִלּוּ סִפֵּק צָרְכֵּנוּ בַּמִּדְבָּר אַרְבָּעִים שָׁנָה,

וְלֹא הֶאֱכִילָנוּ אֶת הַמָּן דַּיֵּנוּ:

אִלּוּ הֶאֱכִילָנוּ אֶת הַמָּן,

Si hubiese destruido sus dioses, sin dar muerte a sus primogénitos, sería suficiente para nosotros. Si hubiese dado muerte a sus primogénitos sin darnos sus tesoros, sería suficiente para nosotros. Si nos hubiese dado sus tesoros, sin haber dividido el Mar Rojo, sería suficiente para nosotros. Si hubiese dividido el Mar Rojo sin hacernos pasar por él en seco, sería suficiente para nosotros. Si nos hubiese hecho pasar en seco sin ahogar en él nuestros enemigos sería suficiente para nosotros. Si hubiese ahogado en él a nuestros enemigos, sin cubrir nuestras necesidades en el desierto durante 40 años, sería suficiente para nosotros. Si nos hubiese cubierto nuestras necesidades en el desierto durante 40 años, sin alimentarnos con el Maná, sería suficiente para nosotros. Si nos hubiese alimentado con Maná,

וְלֹא נָתַן לָנוּ מום אֶת הַשַּׁבָּת דַּיֵּנוּ:

אִלּוּ נָתַן לָנוּ מום אֶת הַשַּׁבָּת,

וְלֹא קֵרְבָנוּ לִפְנֵי הַר סִינַי נמם דַּיֵּנוּ:

אִלּוּ קֵרְבָנוּ לִפְנֵי הַר סִינַי ה׳ נמם,

וְלֹא נָתַן לָנוּ מום אֶת הַתּוֹרָה דַּיֵּנוּ:

אִלּוּ נָתַן לָנוּ מום אֶת הַתּוֹרָה,

וְלֹא הִכְנִיסָנוּ לְאֶרֶץ יִשְׂרָאֵל דַּיֵּנוּ:

אִלּוּ הִכְנִיסָנוּ לְאֶרֶץ יִשְׂרָאֵל, וְלֹא

בָּנָה לָנוּ מום אֶת בֵּית ב״פ ראה הַבְּחִירָה דַּיֵּנוּ:

Sin habernos otorgado el sábado, sería suficiente para nosotros. Si nos hubiese otorgado el sábado, sin llevarnos al Monte Sinaí, sería suficiente para nosotros. Si nos hubiese llevado al Monte Sinaí, sin darnos Su Torá, sería suficiente para nosotros. Si nos hubiese entregado Su Torá, sin conducirnos a Eretz Israel, sería suficiente para nosotros. Si nos hubiese conducido a Eretz Israel, sin haber edificado para nosotros el Templo, sería suficiente para nosotros.

AL AJAT

Dios nos ha dado todo. Debemos ahora hacer un esfuerzo sincero por apreciar todo lo que todavía queda por venir a nosotros. Esta es una referencia directa a la llegada del Templo Final. Cuando finalmente aparezca el templo, todo el caos, muerte y decadencia llegarán a su final.

El Rav Berg nos enseña que hay un secreto para apresurar esta nueva realidad: Cree en ella, y la verás. Recuerda, la frase favorita de Satán es “Ver para creer.”

עַל אַחַת כַּמָּה מ״ה וְכַמָּה מ״ה טוֹבָה אכא כְּפוּלָה

וּמְכֻפֶּלֶת לַמָּקוֹם עָלֵינוּ. שֶׁהוֹצִיאָנוּ מִמִּצְרַיִם מצר.

וְעָשָׂה בָהֶם שְׁפָטִים. וְעָשָׂה בֵּאלֹהֵיהֶם.

Así, cuánto más deberíamos estar agradecidos con el Omnipresente por todos los numerosos favores que ha derramado sobre nosotros: Nos liberó de los egipcios y los sometió a juicio. Destruyó a sus dioses y dio muerte a sus primogénitos.

וְהָרַג אֶת בְּכוֹרֵיהֶם. וְנָתַן לָנוּ מום אֶת מָמוֹנָם.
וְקָרַע לָנוּ מום אֶת הַיָּם יל'. וְהֶעֱבִירָנוּ בְתוֹכוֹ
בֶּחָרָבָה. וְשִׁקַּע צָרֵינוּ בְּתוֹכוֹ. וְסִפֵּק צָרְכֵּנוּ
בַּמִּדְבָּר אַרְבָּעִים שָׁנָה. וְהֶאֱכִילָנוּ אֶת הַמָּן. וְנָתַן
לָנוּ מום אֶת הַשַּׁבָּת. וְקֵרְבָנוּ לִפְנֵי הַר סִינָי נמם.
וְנָתַן לָנוּ מום אֶת הַתּוֹרָה. וְהִכְנִיסָנוּ לְאֶרֶץ
יִשְׂרָאֵל. וּבָנָה לָנוּ מום אֶת בֵּית ב"פ ראה הַבְּחִירָה
לְכַפֵּר עַל כָּל יל' עֲוֹנוֹתֵינוּ:

Nos dio sus tesoros y dividió el Mar Rojo para nosotros. Nos condujo a través de él en seco y ahogó a nuestros opresores. Nos abasteció en el desierto durante 40 años. Y nos alimentó con Maná. Y nos otorgó el Shabat. Y nos llevó al Monte Sinaí. Nos dio la Torá. Y nos condujo a la tierra de Israel. Y nos construyó el Templo para la expiación de todos nuestros pecados.

RABÁN GAMLIEL

La Hagadá nos dice que si no decimos las siguientes tres palabras: *Pésaj, Matzá y Maror*, no hemos cumplido con nuestra obligación con Dios. En la Cabalá, no hay tal cosa como una obligación para satisfacer a Dios. Todo es para nuestro propio beneficio. La obligación es con nuestra propia alma y nuestro propio deseo de alcanzar realización.

רַבָּן גַּמְלִיאֵל הָיָה יהה אוֹמֵר: כָּל יל' שֶׁלֹּא אָמַר
שְׁלֹשָׁה דְבָרִים אֵלּוּ בַּפֶּסַח לֹא יָצָא יְדֵי חוֹבָתוֹ,
וְאֵלּוּ הֵן:

Rabán Gamliel decía: "El que no mencione las siguientes tres palabras en Pésaj, no cumple con su deber, y ellas son:

פֶּסַח. מַצָּה. וּמָרוֹר:

Pésaj, el cordero pascual; Matzá, el pan ácimo, y Maror, las hierbas amargas.

PÉSAJ

El Pésaj original incluía la práctica de llevar un sacrificio al Templo Sagrado. El templo físico ya no está en pie, así que debemos hacer el sacrificio de nuestro comportamiento reactivo.[43]

פֶּסַח שֶׁהָיוּ אֲבוֹתֵינוּ אוֹכְלִים בִּזְמַן שֶׁבֵּית ב"פ ראה
הַמִּקְדָּשׁ הָיָה יהה קַיָּם עַל שׁוּם מָה מ"ה. עַל שׁוּם
שֶׁפָּסַח הַקָּדוֹשׁ בָּרוּךְ הוּא עַל בָּתֵּי אֲבוֹתֵינוּ
בְּמִצְרַיִם מצר. שֶׁנֶּאֱמַר, וַאֲמַרְתֶּם זֶבַח פֶּסַח הוּא
לַיהוָֹהאדניאהדונהי אֲשֶׁר פָּסַח עַל בָּתֵּי בְנֵי יִשְׂרָאֵל
בְּמִצְרַיִם מצר בְּנָגְפּוֹ אֶת מִצְרַיִם מצר וְאֶת בָּתֵּינוּ הִצִּיל
וַיִּקֹּד הָעָם וַיִּשְׁתַּחֲווּ:

Pésaj ¿Porqué nuestros antepasados comían de la ofrenda de Pésaj cuando el templo físico existía? Porque el Santísimo, bendito sea Él, pasó por encima de las casas de nuestros antepasados en Egipto, como se dijo: "Tú dirás: 'es un sacrificio pascual para HaShem, Quien pasó por encima de las casas de los hijos de Israel en Egipto cuando hirió a los egipcios, pero libró nuestras casas'. Y la gente hizo reverencia y se postró."

MATZÁ

De acuerdo a la tradición, los israelitas no tenían tiempo para permitir que el pan levantara, así que tuvieron que quedarse con la Matzá. Esta situación es meramente el efecto y no la causa espiritual. La Cabalá pregunta porqué los eventos se desarrollaron de esta manera en primer lugar. El Arí nos enseña que nunca debemos examinar el efecto sino que debemos sondear el origen, la causa escondida: Matzá es pan sin ego. El pan se expande y crece (como nuestros egos) porque contiene enorme energía espiritual. Con la Matzá, hay un aspecto de restricción funcionando. La Matzá es un instrumento que nos da la fuerza para restringir nuestro ego para todo el año.

43. Debemos ver dentro y sacrificar por lo menos uno de nuestros rasgos negativos. Si es fácil y confortable, no es considerado un sacrificio. Este sacrificio podría ser acercarse a un amigo o familiar durante Pésaj y resolver una situación difícil entregando nuestro ego y admitiendo que estábamos equivocados. Podemos aproximarnos a un amigo o enemigo y confesarle nuestros celos. Mientras más difícil sea, más Luz recibiremos. De acuerdo con los principios de la Cabalá, quedaremos maravillados por el repentino giro de los eventos y las respuestas que recibiremos de la gente a la que nos acerquemos. En el momento en el cual bajemos la guardia, eliminemos nuestro ego, y ofrezcamos a alguien genuina Luz a través de nuestro propio sacrificio y humildad, ellos nos sorprenderán y responderán positivamente.

Enseñamos la Matzá a todos

מַצָּה זוֹ שֶׁאָנוּ אוֹכְלִים עַל שׁוּם מָה מ"ה. עַל שׁוּם
שֶׁלֹּא הִסְפִּיק בְּצֵקָם שֶׁל אֲבוֹתֵינוּ לְהַחֲמִיץ עַד
שֶׁנִּגְלָה עֲלֵיהֶם מֶלֶךְ מַלְכֵי הַמְּלָכִים הַקָּדוֹשׁ
בָּרוּךְ הוּא וּגְאָלָם. שֶׁנֶּאֱמַר, וַיֹּאפוּ אֶת הַבָּצֵק
אֲשֶׁר הוֹצִיאוּ מִמִּצְרַיִם מצר עֻגֹת מַצּוֹת כִּי לֹא חָמֵץ
כִּי גֹרְשׁוּ מִמִּצְרַיִם מצר וְלֹא יָכְלוּ לְהִתְמַהְמֵהַּ וְגַם
צֵדָה לֹא עָשׂוּ לָהֶם:

Matzá ¿Por qué comemos pan sin leudar? Porque antes de que hubiese tiempo para que fermentara la masa que prepararon nuestros antepasados para su pan, el Rey de reyes, el Santísimo, bendito es Él, se les reveló y los redimió; como se dijo: "Y cocinaron Matzá con la masa sin levadura que habían traído de Egipto. Ésta no había leudado, pues fueron arrojados de Egipto y no podían detenerse, y no habían preparado provisiones para el viaje."

Maror

Maror tiene el mismo valor numérico de la palabra *muerte*. Para que nosotros podamos alcanzar el estado de inmortalidad, el cual podemos alcanzar en Shavuot, debemos probar la muerte. El Maror es nuestro instrumento para probar la muerte. Tristemente, la vida de algunas personas es peor que la muerte. Masticando despacio el Maror y abrazando el intenso dolor que genera, podemos probar pro activamente la muerte y así eliminar gradualmente la fuerza de la muerte de nuestras vidas. Cada vez que se mastica el Maror, por cada persona en el planeta que observa el Pésaj, nos lleva otro escalón más cerca de la inmortalidad.

Enseñamos el Maror a cada uno

מָרוֹר זֶה שֶׁאָנוּ אוֹכְלִים עַל שׁוּם מָה מ"ה. עַל
שׁוּם שֶׁמֵּרְרוּ הַמִּצְרִים מצר אֶת חַיֵּי אֲבוֹתֵינוּ
בְּמִצְרַיִם מצר. שֶׁנֶּאֱמַר, וַיְמָרְרוּ אֶת חַיֵּיהֶם בַּעֲבֹדָה
קָשָׁה בְּחֹמֶר וּבִלְבֵנִים

Maror. ¿Por qué comemos esta hierba amarga? Porque los egipcios les amargaron la vida a nuestros antepasados en Egipto, como se dijo: "les hicieron la vida amarga con duras labores con barro y ladrillo,

וּבְכָל לכב עֲבֹדָה בַּשָּׂדֶה אֵת כָּל ילי עֲבֹדָתָם אֲשֶׁר
עָבְדוּ בָהֶם בְּפָרֶךְ׃

Y trabajo en el campo, y con toda clase de servicios pesados.

BEJOL

Él salió de Egipto. Aquí se revela el último secreto del poder de la noche del Séder. La llave mágica para obtener libertad de la esclavitud en Egipto es saber y aceptar que tú *estás* en Egipto.[44] Contrariamente a 2,000 años de tradición, la noche del Séder no es para contar una historia que ocurrió hace 3,300 años. La energía de libertad y la realidad de la esclavitud están ocurriendo en este mismo momento. El propósito de la noche del Séder es liberarnos de las muchas esclavitudes de nuestra vida.

בְּכָל לכב דּוֹר וָדוֹר רי"י חַיָּב אָדָם לִרְאוֹת אֶת
עַצְמוֹ כְּאִלּוּ הוּא יָצָא מִמִּצְרָיִם מצר. שֶׁנֶּאֱמַר,
וְהִגַּדְתָּ לְבִנְךָ בַּיּוֹם נגד, זן הַהוּא לֵאמֹר בַּעֲבוּר זֶה
עָשָׂה יְהֹוָהאדני יאהדונהי לִי בְּצֵאתִי מִמִּצְרָיִם מצר: שֶׁלֹּא
אֶת אֲבוֹתֵינוּ בִּלְבָד גָּאַל הַקָּדוֹשׁ בָּרוּךְ הוּא,
אֶלָּא אַף אוֹתָנוּ גָּאַל עִמָּהֶם. שֶׁנֶּאֱמַר, וְאוֹתָנוּ
הוֹצִיא מִשָּׁם לְמַעַן הָבִיא אֹתָנוּ לָתֶת לָנוּ מום אֶת
הָאָרֶץ אֲשֶׁר נִשְׁבַּע לַאֲבֹתֵינוּ׃

En toda generación, todos debemos considerar como si nosotros mismos hubiésemos salido de Egipto, como se dijo: "Contarás a tu hijo en aquel día: 'Por lo que HaShem obró por mí, cuando salí de Egipto." El Santísimo, bendito sea Él, no liberó de la esclavitud solamente a nuestros antepasados, sino, junto con ellos, también a nosotros. como se dijo: "Y nos sacó de allá para llevarnos a y darnos la Tierra que prometió a nuestros antepasados."

44. Egipto es un apalabra clave para nuestro comportamiento reactivo. Nuestro ego. Baja auto estima. Falta de confianza. Exceso de confianza. Necesidad de aceptación. Miedo. Fobias. Celos. Obsesión. Ambición descontrolada. Todas estas cualidades son varios de los nombres de la prisión que nos esclaviza. Cualquier aspecto de nuestra naturaleza que nos controla es "Egipto". Nuestro problema es la negación. Fallamos en reconocer que somos esclavos de estos deseos. La conciencia de que estamos en "Egipto," que estamos bajo el control de estos impulsos reactivos, es la llave que abre la puerta de la celda.

LEFIJAJ

Por eso debemos agradecer a Dios. Dios no necesita nuestro agradecimiento. Dar "gracias" a Dios es dar nuestro apoyo y cuidado a otros que lo necesitan. La frase *gracias a Dios* se refiere a la chispa de Dios dentro de cada uno. "Gracias a Dios" se refiere a la gente, no al Creador. Cuando usamos el tiempo para ver por los demás, Dios ve por nosotros.

Cubrimos la Matzá y levantamos la copa mientras recitamos lo siguiente:

לְפִיכָךְ אֲנַחְנוּ חַיָּבִים לְהוֹדוֹת לְהַלֵּל ללה לְשַׁבֵּחַ
לְפָאֵר לְרוֹמֵם לְהַדֵּר לְנַצֵּחַ לְבָרֵךְ לְעַלֵּה
וּלְקַלֵּס לְמִי שֶׁעָשָׂה לַאֲבוֹתֵינוּ וְלָנוּ מום אֶת כָּל ילי
הַנִּסִּים הָאֵלּוּ. הוֹצִיאָנוּ מֵעַבְדוּת לְחֵרוּת, מִיָּגוֹן
לְשִׂמְחָה, וּמֵאֵבֶל לְיוֹם נגד, זן טוֹב והו, וּמֵאֲפֵלָה
לְאוֹר רז גָּדוֹל וּמִשִּׁעְבּוּד לִגְאֻלָּה. וְנֹאמַר לְפָנָיו
שִׁירָה חֲדָשָׁה הַלְלוּיָהּ מום:

Por eso debemos agradecer y alabar, rendir tributo, glorificar, exaltar y bendecir, enaltecer, honrar y aclamar a Dios que realizó todos estos milagros por nuestros padres y por nosotros. Nos trajo de la esclavitud a la libertad, del pesar a la alegría, del luto a la fiesta, de la oscuridad a la luz brillante, y de la servidumbre a la redención. Por tanto, recitemos ante Él un canto nuevo: ¡Aleluyá!

ALELUYA

Dios me levanta del polvo. La importancia de este versículo es la habilidad para que el cambio positivo ocurra en cualquier momento. No importa cuán difícil pueda ser la situación, no importa cuán atados estemos a ella, la Luz del Creador puede repararlo todo en un momento. El primer paso es dejar ir nuestro ego, que constantemente nos susurra esas penosas palabras: "Yo estoy en control." Si no sintonizamos esos susurros y mantenemos total certeza de que la Luz puede dramáticamente alterar nuestra situación instantáneamente, encenderemos el poder de esta conexión.

Bajamos la copa y descubrimos la Matzá

JÉSED

הַלְלוּיָהּ מום הַלְלוּ עַבְדֵי יְהֹוָה אדני אהדונהי

¡Aleluyá! Siervos de HaShem,

הַלְלוּ אֶת שֵׁם יְהֹוָה יאהדונהי: יְהִי שֵׁם יְהֹוָה יאהדונהי
מְבֹרָךְ רפ״ח מֵעַתָּה וְעַד עוֹלָם: מִמִּזְרַח שֶׁמֶשׁ עַד
מְבוֹאוֹ מְהֻלָּל שֵׁם יְהֹוָה יאהדונהי: רָם עַל כָּל ילי
גּוֹיִם יְהֹוָה יאהדונהי עַל הַשָּׁמַיִם י״פ טל כְּבוֹדוֹ: מִי ילי
כַּיהֹוָה יאהדונהי אֱלֹהֵינוּ ילה הַמַּגְבִּיהִי לָשָׁבֶת:
הַמַּשְׁפִּילִי לִרְאוֹת בַּשָּׁמַיִם י״פ טל וּבָאָרֶץ: מְקִימִי
מֵעָפָר דָּל מֵאַשְׁפֹּת יָרִים אֶבְיוֹן: לְהוֹשִׁיבִי עִם
נְדִיבִים עִם נְדִיבֵי עַמּוֹ: מוֹשִׁיבִי עֲקֶרֶת הַבַּיִת ב״פ
ראה אֵם יוהך הַבָּנִים שְׂמֵחָה הַלְלוּיָהּ מום:

Alabad el nombre de HaShem, Bendito sea el nombre de HaShem, de ahora para siempre. Desde el nacimiento del sol hasta su ocaso, es ensalzado el nombre de HaShem. HaShem está muy por encima de las naciones; su gloria está por encima de los cielos. ¿Quién es como HaShem, nuestro Dios, entronizado en lo alto, que se digna mirar hacia abajo sobre el cielo y la tierra? Él levanta del polvo al pobre, alza del estiércol al necesitado, para sentarlos con nobles, con los nobles de Su pueblo. Él da hogar a la mujer estéril (la Shejiná), y La convierte en una madre feliz de sus hijos. ¡Aleluyá!

BETSET ISRAEL

Yehudá era santo. Yehudá se refiere a la cabeza de la Tribu de Yehudá, un hombre llamado Najshón. Él fue la primera persona en demostrar absoluta certeza cuando entró al Mar Rojo.[45]

GUEVURÁ

בְּצֵאת יִשְׂרָאֵל מִמִּצְרָיִם מצר

Cuando Israel salió de Egipto,

45. Cuando Moshé estiró sus brazos y su vara para dividir el Mar Rojo, el agua no se movió. Ni una molécula de agua se movió ni una pulgada. Para activar este milagro de la naturaleza, los israelitas estuvieron forzados a activar su propio milagro de la naturaleza humana. Eso le fue dejado a Najshón, quien caminó en el agua con total certeza. Él superó sus miedos reactivos y dudas, y continuó entrando en el agua hasta que ésta alcanzó su nariz, con lo cual el agua entró en su garganta y empezó a ahogarse. En el preciso momento de su ahogo, Satán intentó bombardearlo con miedo e incertidumbre. Pero Najshón no renunció. Un segundo después, él estaba respirando aire fresco mientras el agua del Mar Rojo se elevaba hacia los cielos. Aún cuando se supone que los milagros ocurrirán, la más leve duda puede evitar que ocurran.

בֵּית ב"פ ראה יַעֲקֹב מֵעַם לֹעֵז: הָיְתָה יְהוּדָה
לְקָדְשׁוֹ יִשְׂרָאֵל מַמְשְׁלוֹתָיו: הַיָּם ילי רָאָה ראה וַיָּנֹס
הַיַּרְדֵּן יִסֹּב לְאָחוֹר: הֶהָרִים רָקְדוּ כְאֵילִים
גְּבָעוֹת כִּבְנֵי צֹאן: מַה מ"ה לְּךָ הַיָּם ילי כִּי תָנוּס
הַיַּרְדֵּן תִּסֹּב לְאָחוֹר: הֶהָרִים תִּרְקְדוּ כְאֵילִים
גְּבָעוֹת כִּבְנֵי צֹאן: מִלִּפְנֵי אָדוֹן אני חוּלִי אָרֶץ
מִלִּפְנֵי אֱלוֹהַּ מ"ב יַעֲקֹב: הַהֹפְכִי הַצּוּר אֲגַם מָיִם
חַלָּמִישׁ לְמַעְיְנוֹ מָיִם:

La Casa de Yaakov de en medio de un pueblo de lengua extraña, Yehudá fue consagrado, Israel Su señorío. La mar vio y huyó; el Jordán se volvió atrás. Los montes saltaron como carneros, y las colinas como corderos. ¿Qué tuviste, oh mar, que huiste? Y tú, Jordán, ¿que te volviste atrás? Oh montañas, ¿por qué saltasteis como carneros? ¿Y ustedes colinas, como corderos? ¡Ante la presencia del Señor, tiembla, oh Tierra, ante la presencia del Dios de Yaakov, el que torna la piedra en lago, y la roca en manantial!

LA BENDICIÓN-EL REDENTOR DE ISRAEL

La palabra *Gaal*, que significa "redentor", puede ser reordenada para deletrear la palabra *Kéter*, que significa "semilla". Kéter es la primera Sefirá.[46] Recibimos la habilidad de buscar la causa y el origen ("nivel de semilla") de todos los eventos negativos que suceden en nuestras vidas de manera que podamos tratar y arreglar la causa para eliminar sus efectos caóticos en nuestra vida. Esto lo logramos a través del poder de Kéter, el nivel semilla de todo el cosmos.

Cubrimos la Matzá y levantamos nuestra copa de vino

בָּרוּךְ אַתָּה יְהֹוָואדניאהדונהי אֱלֹהֵינוּ ילה מֶלֶךְ הָעוֹלָם,
אֲשֶׁר גְּאָלָנוּ וְגָאַל אֶת אֲבוֹתֵינוּ מִמִּצְרַיִם מצר,

Bendito eres Tú, HaShem, nuestro Dios, Rey del universo, que nos redimiste de Egipto

46. Las 10 Sefirot son las dimensiones que separan nuestro mundo del Mundo Infinito. Kéter es la Sefirá más alta, más cercana al Mundo Infinito. Kéter es la fuente de todos los pensamientos, imaginación, sentimientos y creatividad que se dan en nuestro mundo físico.

וְהִגִּיעָנוּ הַלַּיְלָה מלה הַזֶּה והו לֶאֱכָל בּוֹ מַצָּה
וּמָרוֹר. כֵּן יְהֹוָהאדניאהדונהי אֱלֹהֵינוּ ילה וֵאלֹהֵי לכב
אֲבוֹתֵינוּ יַגִּיעֵנוּ לְמוֹעֲדִים וְלִרְגָלִים אֲחֵרִים
הַבָּאִים לִקְרָאתֵנוּ לְשָׁלוֹם, שְׂמֵחִים בְּבִנְיַן עִירֶךָ,
וְשָׂשִׂים בַּעֲבוֹדָתֶךָ, וְנֹאכַל שָׁם מִן הַזְּבָחִים וּמִן
הַפְּסָחִים (במוצ"ש אומרים: מִן הַפְּסָחִים וּמִן הַזְּבָחִים) אֲשֶׁר
יַגִּיעַ דָּמָם עַל קִיר מִזְבַּחֲךָ לְרָצוֹן מהש וְנוֹדֶה לְּךָ
שִׁיר חָדָשׁ י"ב הויות עַל גְּאֻלָּתֵנוּ וְעַל פְּדוּת נַפְשֵׁנוּ:
בָּרוּךְ אַתָּה יְהֹוָהאדניאהדונהי גָּאַל יִשְׂרָאֵל:

A nosotros y a nuestros antepasados, y nos trajiste a esta noche, para comer Matzá y hierbas amargas. Así, HaShem, nuestro Dios y Dios de nuestros padres, haznos llegar a otras fiestas y días solemnes, que vengan a nosotros en paz, alegrados por la reedificación de Tu ciudad (Jerusalem), gozosos a Tu servicio. Allí comeremos de los sacrificios y del cordero pascual (en Shabat decimos: del cordero pascual y sacrificios) cuya sangre llegará al muro de Tu altar según Tu aceptación benevolente. Te agradeceremos con un canto nuevo por nuestra liberación y por la redención de nuestra alma. Bendito eres Tú, HaShem, redentor de Israel

LESHEM YIJUD

Leshem Yijud actúa como una bujía que activa nuestro deseo de conectarnos a la energía espiritual. También sirve como un proceso de preparación, alistándonos para la tremenda fuerza que entra en nuestro mundo y a nuestra vida.

לְשֵׁם יִחוּד קוּדְשָׁא בְּרִיךְ הוּא וּשְׁכִינְתֵּיהּ בִּדְחִילוּ
וּרְחִימוּ וּרְחִימוּ וּדְחִילוּ לְיַחֲדָא שֵׁם יוֹד קֵי בְּוָאו
קֵי בְּיִחוּדָא שְׁלִים יהוה בְּשֵׁם כָּל ילי יִשְׂרָאֵל, הִנְנִי
מוּכָן וּמְזוּמָּן לְקַיֵּים מִצְוַת כּוֹס מום שֵׁנִי

Para la unificación del Santísimo, bendito sea Él y su Shejiná, con temor y misericordia y con misericordia y temor, para unificar el Nombre Yud Kei con Vav Kei en perfecta unidad, en el nombre de todo Israel, Yo estoy listo y deseoso de aplicar la conexión de la Segunda Copa.

שֶׁל אַרְבַּע כּוֹסוֹת, וִיהִי נֹעַם אֲדֹנָי אֱלֹהֵינוּ ילה
עָלֵינוּ וּמַעֲשֵׂה יָדֵינוּ כּוֹנְנָה עָלֵינוּ וּמַעֲשֵׂה יָדֵינוּ
כּוֹנְנֵהוּ:

De las Cuatro Copas, y sea del agrado de HaShem, nuestro Dios, estar sobre nosotros, y establecer la acción de nuestras manos sobre nosotros y establecer la acción de nuestras manos.

בָּרוּךְ אַתָּה יְהֹוָהאדניאהדונהי אֱלֹהֵינוּ ילה מֶלֶךְ הָעוֹלָם
בּוֹרֵא פְּרִי הַגָּפֶן:

Bendito eres Tú, HaShem, nuestro Dios, Rey del universo, Creador del fruto de la vid.

Bebemos mientras nos inclinamos a la izquierda.

SEXTO PASO: RAJETSÁ
EL LAVADO DE LAS MANOS

רָוחְצָה

Durante la noche, muchas fuerzas negativas se alojan en nuestras manos mientras dormimos. Nuestras manos son como imanes que atraen esas fuerzas porque las manos ejecutan muchas de nuestras acciones negativas en nuestras vidas diarias, y son las culpables que manifiestan los pensamientos negativos que residen en nuestros corazones y mentes. De acuerdo a la Cabalá, el pensamiento negativo es la causa del comportamiento negativo, y las manos son el efecto que los manifiesta. Los Cabalistas también nos enseñan que la energía positiva se conecta a la causa y nivel de semilla de la realidad, pero la negatividad siempre se conecta con el efecto. Lavándonos las manos cada mañana, alcanzamos dos importantes objetivos:

1. Limpiamos y lavamos todas las fuerzas negativas que se adhieren a nuestras manos.
2. Nos conectamos a la causa y nivel de semilla de la realidad (positividad) y no sólo al efecto.

Este deber nos ayuda a alcanzar un día más positivo y satisfactorio.

Recibimos otro beneficio importante cuando invocamos esta bendición: dentro de las palabras encontramos una clave notable. Las últimas tres palabras son *Al Netilat Yadaim*. La primera letra de cada una de estas palabras deletrea *Aní* עני, en hebreo "una persona pobre." Cuando tomamos las últimas tres letras de estas tres palabras, *Lámed* ל, *Tav* ת, y *Mem* ם, tienen el mismo valor numérico de la palabra Ashir עשיר. En español, *Ashir* significa "una persona rica." Lavándonos las manos cada mañana y evitando que la energía negativa se adhiera a nosotros durante todo el día, empezamos a separarnos del nivel de *Aní* (pobre) y a conectarnos con la energía de *Ashir* (rico).[47]

Antes de recitar la oración, vamos al lavamanos y vertemos un vaso de agua sobre nuestra mano derecha y luego en la izquierda. Hacemos ésto dos veces en cada mano.

בָּרוּךְ אל אַתָּה רחום יְהֹוָהאדנייאהדונהי וחנון אֱלֹהֵינוּ ילה ארך

מֶלֶךְ אפים הָעוֹלָם ורב חסד אֲשֶׁר ואמת קִדְּשָׁנוּ נצר חסד

בְּמִצְוֹתָיו לאלפים וְצִוָּנוּ נשא עון

עַל ופש נְטִילַת וחטאה יָדַיִם ונקה:

Bendito eres Tú, HaShem, nuestro Dios, Rey del universo, que nos ha santificado con Sus preceptos y nos prescribió el lavarnos las manos.

SÉPTIMO PASO: MOTSÍ

מוֹצִיא מַצָּה

Antes de romper el pan, debemos orar y pedir por sustento. El valor numérico de *Hamotsí, Léjem, Min Haaretz*– la oración para el pan- es igual al valor de *Pei Álef Yud* פאי, *Sámej Álef Lámed* סאל y *Jet Tav Jaf* חתך– tres meditaciones cabalísticas para crear sustento y prosperidad. Incluso cuando comemos, debemos orar por sustento comprendiendo que nada es nuestro. Toda la buena fortuna proviene de la Luz. Este sentir nos ayuda a intensificar nuestras oraciones.

OCTAVO PASO: MATZÁ

La Matzá es el único tipo de pan que requiere una bendición especial. El pan es el único alimento con naturaleza dual. Comemos pan durante todo el año, conectando con toda su energía positiva. Pero no podemos comer pan durante Pésaj debido a sus efectos potencialmente peligrosos en nuestro carácter espiritual y naturaleza.48

47. "Rico" se refiere no sólo a sustento financiero, sino también al concepto de ser rico con una cercana y amorosa familia, rico en salud, o vivir una vida llena de riqueza de significado. La oración irá directo a donde necesitemos la energía de riqueza.

48. Una de las razones por las que nos abstenemos del pan durante Pésaj, por la cual no podemos tener ni siquiera una migaja en nuestra casa, es debido a la abrumadora infusión de energía que el pan transmite. En Pésaj, esta infusión alcanza niveles muy altos. Considere este ejemplo: Una persona maneja un auto a 50 kms/hora. Si baja la ventana del auto, el cambio en la presión del aire es tan bajo que todavía puede controlar el auto sin problemas. Si, en cambio, viajas en un jet Concord a la velocidad del sonido, la más pequeña rasgadura en la ventana puede llevar al jet fuera de control. Pésaj es como volar a la velocidad de la luz. Así es lo intenso de la Luz de la libertad. Aún la más mínima partícula de pan en tu sistema te llevará a ti y a tu

Este aspecto dual se refleja en nuestra conducta. A veces necesitamos activar y usar nuestro *deseo de recibir* (representado por el pan) en situaciones donde realmente carecemos de auto estima, ambición y confianza en nosotros mismos. Esta bendición nos ayuda equilibrar y discernir cuándo aplicamos nuestro *deseo de recibir* y cuándo no. Las acciones son o positivas o negativas. Pero los deseos y pensamientos son grises. A veces ellos ocurren para probarnos y poder superarlo. Hay momentos en que tenemos que estar enojados contra la negatividad del mundo para cambiarla. Si no estamos enojados o profundamente preocupados por las desgracias del mundo, nunca podremos estar motivados a ayudar a mejorar la vida de otros. Usar nuestros deseos internos es como pisar el pedal del acelerador en un auto. Pisamos el pedal cuando necesitamos alcanzar velocidad. Una vez que estamos moviéndonos, aflojamos y quitamos nuestro pie del acelerador. Igualmente, podemos usar nuestro *deseo de recibir* para motivarnos a la acción, pero una vez que estamos moviéndonos, debemos apagar nuestros egos (representados por la Matzá) y transformarlos en deseo de compartir. Por supuesto, este es un acto difícil de balancear, pero es más fácil a través de esta poderosa conexión.

LESHEM YIJUD

Leshem Yijud actúa como una bujía que activa nuestro deseo de conectarnos a la energía espiritual. También sirve como un proceso de preparación, alistándonos para las tremendas fuerzas que entran en nuestro mundo y a nuestra vida.

Elevamos las tres Matzot en el plato del Séder mientras recitamos lo siguiente:

לְשֵׁם יִחוּד קוּדְשָׁא בְּרִיךְ הוּא וּשְׁכִינְתֵּיהּ בִּדְחִילוּ
וּרְחִימוּ וּרְחִימוּ וּדְחִילוּ לְיַחֲדָא שֵׁם יוּד קֵי בְּוָאו
קֵי בְּיִחוּדָא שְׁלִים יהוה בְּשֵׁם כָּל ילי יִשְׂרָאֵל, הִנְנִי
מוּכָן וּמְזוּמָן לְקַיֵּם מִצְוַת אֲכִילַת מַצָּה וִיהִי נֹעַם
אֲדֹנָי אֱלֹהֵינוּ ילה עָלֵינוּ וּמַעֲשֵׂה יָדֵינוּ כּוֹנְנָה
עָלֵינוּ וּמַעֲשֵׂה יָדֵינוּ כּוֹנְנֵהוּ:

Para la unificación del Santísimo, bendito sea Él y su Shejiná, con temor y misericordia y con misericordia y temor, para unificar el Nombre Yud Kei con Vav Kei en perfecta unidad, y en el nombre de todo Israel, estoy listo y deseoso de cumplir con el precepto de comer Matzá, y sea del agrado de HaShem, nuestro Dios, estar sobre nosotros, y establecer la acción de nuestras manos sobre nosotros y establecer la acción de nuestras manos.

---

comportamiento reactivo a un salvaje rumbo de colisión con el caos a lo largo del año.

בָּרוּךְ אַתָּה יְהֹוָואדנ־יאהדונהי אֱלֹהֵינוּ ילה מֶלֶךְ הָעוֹלָם
הַמּוֹצִיא לֶחֶם מִן הָאָרֶץ:

Bendito eres Tú, nuestro Dios, Rey del universo, que sacas pan de la tierra.

Bajamos la Matzá del fondo, rompemos un pedazo de cada una de las otras dos y decimos la siguiente oración:

בָּרוּךְ אַתָּה יְהֹוָואדנ־יאהדונהי אֱלֹהֵינוּ ילה מֶלֶךְ הָעוֹלָם
אֲשֶׁר קִדְּשָׁנוּ בְּמִצְוֹתָיו וְצִוָּנוּ עַל אֲכִילַת מַצָּה:

Bendito eres Tú, nuestro Dios, Rey del universo, que nos santificó con Sus mandamientos, y nos prescribió comer Matzá.

NOVENO PASO: MAROR

מָרוֹר

Maror es la conexión más alta y más difícil de conseguir en Pésaj. Maror tiene el mismo valor numérico que la palabra *muerte*. Para nosotros, alcanzar el estado de inmortalidad es saborear la muerte. Masticando despacio el Maror y abrazando el intenso dolor que genera, podemos probar pro activamente la muerte y así eliminar gradualmente la fuerza de la muerte de nuestras vidas.[49] Cada masticada del Maror, nos lleva a otro escalón más cerca de la genuina inmortalidad.

Mientras nos sofocamos con el Maror, necesitamos retener este estado de conciencia. Nuestro objetivo es entregar un poco de comodidad ahora, por el momento, para alcanzar satisfacción infinita y comodidad para siempre. A menudo nos conformamos con un poco de comodidad ahora y al final pagamos con caos y dolor.

לְשֵׁם יִחוּד קוּדְשָׁא בְּרִיךְ הוּא וּשְׁכִינְתֵּיהּ בִּדְחִילוּ
וּרְחִימוּ וּרְחִימוּ וּדְחִילוּ לְיַחֲדָא שֵׁם יוד קֵי בְּוָאו
קֵי בְּיִחוּדָא שְׁלִים יהוה בְּשֵׁם כָּל ילי יִשְׂרָאֵל,

Para la unificación del Santísimo, bendito sea Él y su Shejiná, con temor y con misericordia y con misericordia y temor, para unificar el Nombre Yud Kei con Vav Kei en perfecta unidad, y en el nombre de todo Israel,

49. La fuerza de la muerte no está limitada al cuerpo físico. La muerte también puede golpear a un negocio, a un matrimonio o a cualquier tipo de relación.

הִנְנִי מוּכָן וּמְזוּמָּן לְקַיֵּם מִצְוַת אֲכִילַת מָרוֹר וִיהִי
נֹעַם אֲדֹנָי אֱלֹהֵינוּ ילה עָלֵינוּ וּמַעֲשֵׂה יָדֵינוּ כּוֹנְנָה
עָלֵינוּ וּמַעֲשֵׂה יָדֵינוּ כּוֹנְנֵהוּ:

Yo estoy listo y deseoso de cumplir con el precepto de comer el maror, Y sea del agrado de HaShem, nuestro Dios, estar sobre nosotros, y establecer la acción de nuestras manos sobre nosotros y establecer la acción de nuestras manos.

Tomamos el Maror, lo untamos en frutas mezcladas y comemos sin reclinarnos

בָּרוּךְ אַתָּה יְהֹוָואדני אהדונהי אֱלֹהֵינוּ ילה מֶלֶךְ הָעוֹלָם
אֲשֶׁר קִדְּשָׁנוּ בְּמִצְוֹתָיו וְצִוָּנוּ עַל אֲכִילַת מָרוֹר:

Bendito eres Tú, nuestro Dios, Rey del universo, que nos santificó con Sus mandamientos, y nos ordenó comer las hierbas amargas.

DÉCIMO PASO: KOREJ

כּוֹרֵךְ

El propósito de la conexión con Korej es elevarnos sobre las estrellas y los signos del zodíaco. Ésta es una razón por la cual Aries - el Carnero - era el escogido para los sacrificios en el Templo en Pésaj. Aries es el primer signo, la semilla, y es allí donde está todo el control. Es también uno de los signos más difíciles, como cualquier Aries puede atestiguar. Si podemos ir mas allá de Aries, podemos sobrellevar todos los obstáculos e influencias negativas. Por eso, el gran sabio Hilel usó el poder de Pésaj (el Aries), la Matzá y el Maror para elevarse sobre las influencias negativas de las 12 constelaciones.

Tomamos el Maror, lo untamos en la Matzá y lo comemos juntos, inclinados a la izquierda, sin bendición. Antes de esto, recitamos lo siguiente:

זֵכֶר לְמִקְדָּשׁ כְּהִלֵּל. כֵּן עָשָׂה הִלֵּל. בִּזְמַן
שֶׁבֵּית ב״פ ראה הַמִּקְדָּשׁ הָיָה יהה קַיָּם הָיָה יהה כּוֹרֵךְ
פֶּסַח מַצָּה וּמָרוֹר וְאוֹכֵל בְּיַחַד לְקַיֵּם מַה מ״ה
שֶׁנֶּאֱמַר עַל מַצּוֹת וּמְרוֹרִים יֹאכְלֻהוּ:

Recordando el templo, lo hacemos como Hilel lo hizo en el tiempo que estaba el Templo: solía comer en un sándwich de Pésaj Matzá y Maror juntos, para cumplir con lo que decía la Torá: "Comerán el cordero pascual junto con Matzá y hierbas amargas."

UNDÉCIMO PASO: SHULJÁN OREJ

שֻׁלְחָן עוֹרֵךְ

Esta fase que sigue, de comer la comida, aparenta estar directamente relacionada con el *deseo de recibir para nosotros mismos*. Sólo que después de todo lo que hemos llevado a cabo durante nuestro Séder, este no es el caso. No vivimos para comer, como hacen muchas personas, sino que comemos para vivir. Participamos en la comida para ganar fuerza para continuar con nuestro trabajo espiritual. Comer no es sólo para satisfacción física. Todo lo que hacemos puede tener una dimensión espiritual, simplemente teniendo el estado de conciencia e intentando usar nuestras conexiones físicas para servir a un alto propósito espiritual.

Cenamos lo necesario en honor a la festividad.
Es costumbre comer un huevo.

DUODÉCIMO PASO: TSAFÚN

צָפוּן

Comer el Aficomán. Tsafún significa "lo que estaba escondido es ahora revelado". Hay una historia en la Torá en la que Yaakov va a su padre, Yitsjak, para recibir una bendición. Él lleva consigo un sacrificio para Pésaj, que hoy está representado por nuestro *Aficomán.* Cuando Yaakov entró al cuarto de su padre, la Torá nos dice que él pudo oler el Jardín del Edén. Después que Yaakov llevó el sacrificio, recibió la bendición de su padre.

¿Cómo se relaciona esta historia con nuestra vida? Sabemos que el poder del *Aficomán* es igual a los sacrificios que ocurrían en los viejos tiempos. El valor numérico de *Aficomán* es *embuste o engaño.* Esto se conecta con Yaakov, quien usó el engaño contra su hermano malo, Esav. Yitsjak quería originalmente darle la bendición a Esav, pero Yaakov se vistió con sus ropas, engañó a su padre y recibió la bendición en su lugar.

Esto nos da un indicio del significado detrás del ocultamiento del *Aficomán.* Esta acción nos conecta al sacrificio y esfuerzo para engañar de Yaakov para que podamos así engañar a Satán y eliminarlo de nuestra vida. Ahora podemos probar del Jardín del Edén (representado por Yaakov) opuestamente a probar de los fuegos del Infierno (representado por Esav).

Tomamos la Matzá conservada para *Aficomán*, en recuerdo de la ofrenda de Pésaj, y la comemos cuando estamos llenos. La comemos, nos inclinamos hacia la izquierda y recitamos lo siguiente:

LESHEM YIJUD

Leshem Yijud actúa como una bujía que activa nuestro deseo de conectarnos a la energía espiritual. También sirve como un proceso de preparación, alistándonos para las tremendas fuerzas transmitidas por la Matzá.

לְשֵׁם יִחוּד קוּדְשָׁא בְּרִיךְ הוּא וּשְׁכִינְתֵּיהּ בִּדְחִילוּ וּרְחִימוּ וּרְחִימוּ וּדְחִילוּ לְיַחֲדָא שֵׁם יוּד קֵי בְּוָאו קֵי בְּיִחוּדָא שְׁלִים יהוה בְּשֵׁם כָּל ילי יִשְׂרָאֵל, הִנְנִי מוּכָן וּמְזוּמָּן לְקַיֵּם מִצְוַת אֲכִילַת אֲפִיקוֹמָן. וִיהִי נֹעַם אֲדֹנָי אֱלֹהֵינוּ ילה עָלֵינוּ וּמַעֲשֵׂה יָדֵינוּ כּוֹנְנָה עָלֵינוּ וּמַעֲשֵׂה יָדֵינוּ כּוֹנְנֵהוּ:

Para la unificación del Santísimo, bendito sea Él y su Shejiná, con temor y misericordia y con misericordia y temor, para unificar el Nombre Yud Kei con Vav Kei en perfecta unidad, y en el nombre de todo Israel, Yo estoy listo y deseoso de cumplir con el precepto de comer el Aficomán, Y sea del agrado de HaShem, nuestro Dios, estar sobre nosotros, y establecer la acción de nuestras manos sobre nosotros y establecer la acción de nuestras manos.

DECIMOTERCER PASO: BAREJ

בָּרֵךְ:

Leshem Yijud actúa como una bujía que activa nuestro deseo de conectarnos a la energía espiritual. También sirve como un proceso de preparación, alistándonos para las tremendas fuerzas transmitidas por el *Bircat HaMazón*.

Bircat HaMazón eleva las chispas de Luz ocultas dentro de la comida que comemos y las conecta con los Mundos Superiores. Elimina el aspecto físico de la comida (energía temporal), dejándonos con la sustancia espiritual que es eterna y duradera.

Tenemos cuatro bendiciones en el Bircat HaMazón, que nos conectan con los cuatro Mundos Superiores en la atmósfera espiritual. Los nombres de estos mundos son Atsilut, Briá, Yetsirá y Asiyá. Estos cuatro mundos son parte de las diez dimensiones de nuestro universo.

El que guía el Séder reúne ahora todos nuestros esfuerzos y energía en una fuerza colectiva y la eleva a los Mundos Superiores cuando comienza el Bircat HaMazón.

Llenamos la tercera copa de vino y recitamos la siguiente oración sobre la comida:

לְשֵׁם יִחוּד קוּדְשָׁא בְּרִיךְ הוּא וּשְׁכִינְתֵּיהּ

Para la unificación del Santísimo

בְּדְחִילוּ וּרְחִימוּ וּרְחִימוּ וּדְחִילוּ לְיַחֲדָא שֵׁם יוּד
קֵי בְּוָאו קֵי בְּיִחוּדָא שְׁלִים יהוה בְּשֵׁם כָּל ילי
יִשְׂרָאֵל, הִנְנִי מוּכָן וּמְזוּמָּן לְקַיֵּים מִצְוַת עֲשֵׂה שֶׁל
בִּרְכַּת הַמָּזוֹן, שֶׁנֶּאֱמַר וְאָכַלְתָּ וְשָׂבָעְתָּ וּבֵרַכְתָּ
אֶת יְהֹוָה אדני יאהדונהי אֱלֹהֶיךָ ילה עַל הָאָרֶץ הַטֹּבָה אכא
אֲשֶׁר נָתַן לָךְ, וִיהִי נֹעַם אֲדֹנָי אֱלֹהֵינוּ ילה עָלֵינוּ
וּמַעֲשֵׂה יָדֵינוּ כּוֹנְנָה עָלֵינוּ וּמַעֲשֵׂה יָדֵינוּ כּוֹנְנֵהוּ:

Bendito sea Él y su Shejiná, con temor y misericordia y con misericordia y temor, para unificar el Nombre Yud Kei con Vav Kei en perfecta unidad, y en el nombre de todo Israel, Yo estoy listo y deseoso de cumplir el precepto de bendecir sobre la comida, como está escrito en laTorá: "Y comerás y estarás satisfecho y bendecirás a HaShem, tu Dios, por la buena tierra que te dio. Y sea del agrado de HaShem, nuestro Dios, estar sobre nosotros, y establecer la acción de nuestras manos sobre nosotros y establecer la acción de nuestras manos.

SHIR HAMAALOT

שִׁיר הַמַּעֲלוֹת בְּשׁוּב יְהֹוָה אדני יאהדונהי אֶת שִׁיבַת צִיּוֹן יוסף
הָיִינוּ כְּחֹלְמִים: אָז יִמָּלֵא שְׂחוֹק פִּינוּ וּלְשׁוֹנֵנוּ רִנָּה
אָז יֹאמְרוּ בַגּוֹיִם הִגְדִּיל יְהֹוָה אדני יאהדונהי לַעֲשׂוֹת עִם
אֵלֶּה: הִגְדִּיל יְהֹוָה אדני יאהדונהי לַעֲשׂוֹת עִמָּנוּ הָיִינוּ
שְׂמֵחִים: שׁוּבָה הוחש יְהֹוָה אדני יאהדונהי אֶת שְׁבִיתֵנוּ
כַּאֲפִיקִים בַּנֶּגֶב: הַזֹּרְעִים בְּדִמְעָה בְּרִנָּה יִקְצֹרוּ:

Cuando HaShem nos haga retornar del cautiverio de Tsión, seremos como los que sueñan. Entonces nuestra boca se llenará de risa y nuestra lengua de canción grata. Entonces dirán entre las naciones: HaShem ha hecho cosas grandes para ellos." Grandes cosas ha hecho HaShem con nosotros, estamos contentos. Haz que retornemos de nuestro cautiverio, oh HaShem, cual arroyo en el Néguev. Que cosechen con canto fuerte los que sembraron con lágrimas.

הָלוֹךְ יֵלֵךְ כל״י וּבָכֹה נֹשֵׂא מֶשֶׁךְ הַזָּרַע בֹּא יָבֹא
בְרִנָּה נֹשֵׂא אֲלֻמֹּתָיו:

Los que siembran en medio del llanto la preciosa simiente, volverán gozosos trayendo sus gavillas.

El oficiante

הַב לָן וּנְבָרֵךְ

Señores, bendigamos.

Los otros

יְהִי שֵׁם יְהֹוָהאדניאהדונהי מְבֹרָךְ רפ״ח מֵעַתָּה וְעַד עוֹלָם:

Bendito sea el nombre de HaShem desde ahora y para siempre

El oficiante repite

יְהִי שֵׁם יְהֹוָהאדניאהדונהי מְבֹרָךְ רפ״ח מֵעַתָּה וְעַד עוֹלָם:

Bendito sea el nombre de HaShem desde ahora y para siempre.

En Shabat agregamos:

וּבִרְשׁוּת שׂכו צ״ת שַׁבָּת מַלְכְּתָא
וּבִרְשׁוּת שׂכו צ״ת מוֹרַי וְרַבּוֹתַי

Con el permiso de Shabat, la reina, con el permiso de mis maestros, y con el permiso de las distinguidas personas presentes.

El oficiante

בִּרְשׁוּת שׂכו צ״ת מָרָנָן וְרַבּוֹתַי נְבָרֵךְ (המזמן בעשרה
אֱלֹהֵינוּ ילה) שֶׁאָכַלְנוּ מִשֶּׁלּוֹ:

Con el permiso de mis maestros, y con el permiso de las distinguidas personas presentes bendigamos (Si hay diez hombres reunidos en el zimún, se agregan las palabras en el paréntesis *a nuestro Dios) Del cual hemos comido.*

Los otros

בָּרוּךְ

Bendito

(בעשרה אֱלֹהֵינוּ ילה) שֶׁאָכַלְנוּ מִשֶּׁלּוֹ וּבְטוּבוֹ חָיִינוּ:

(Si hay diez hombres en el zimún, se agregan las palabras del paréntesis *nuestro Dios)*
De cuya abundancia hemos comido, y por Cuya bondad vivimos.

El oficiante repite

בָּרוּךְ (בעשרה אֱלֹהֵינוּ ילה) שֶׁאָכַלְנוּ מִשֶּׁלּוֹ
וּבְטוּבוֹ חָיִינוּ:

Bendito (Si hay diez hombres en el zimún, se agregan las palabras del paréntesis nuestro Dios) *De cuya abundancia hemos comido, y por Cuya bondad vivimos.*

בָּרוּךְ הוּא וּבָרוּךְ שְׁמוֹ מהש ע"ה:

Bendito es Él, y bendito es Su nombre.

La Primera Bendición-El Mundo de Atsilut / Emanación

Dios dio sustento a todo el mundo. Estamos ahora recibiendo el poder del sustento y prosperidad. Pero hay un requerimiento: debemos entender que lo que poseemos en solamente un préstamo. Todo el sustento se origina por el Creador. Estar al tanto de esto nos asegura que mantendremos el sustento por toda nuestra vida, evitando así los altibajos financieros que atormentan a la mayoría de las familias. Si creemos que somos los arquitectos y proveedores de nuestra propia riqueza, nos abrimos a Satán y al potencial para los altos y bajos y pérdidas de sustento.

בָּרוּךְ אַתָּה יְהֹוָהאדניאהדונהי אֱלֹהֵינוּ ילה מֶלֶךְ הָעוֹלָם, הַזָּן נגד אֶת הָעוֹלָם כֻּלּוֹ, בְּטוּבוֹ בְּחֵן מוזי בְּחֶסֶד ע"ב וּבְרַחֲמִים מצפצ, הוּא נֹתֵן לֶחֶם לְכָל יה אדני בָּשָׂר כִּי לְעוֹלָם חַסְדּוֹ: וּבְטוּבוֹ הַגָּדוֹל תָּמִיד ע"ה נתה לֹא חָסַר לָנוּ מום, וְאַל יֶחְסַר לָנוּ מום מָזוֹן לְעוֹלָם וָעֶד, בַּעֲבוּר שְׁמוֹ מהש ע"ה הַגָּדוֹל כִּי הוּא אֵל זָן נגד וּמְפַרְנֵס לַכֹּל יה אדני וּמֵטִיב לַכֹּל יה אדני,

Bendito eres Tú, nuestro Dios, Rey del universo, que sostiene en Su gran bondad, el mundo entero, con favor, benevolencia y misericordia. Él da sustento a todas las criaturas, porque Su clemencia es eterna. Y a través de Su gran bondad, jamás nos ha faltado y nunca nos faltará el alimento por siempre. Por amor de Su sublime Nombre, porque Él es Dios, el que nutre a todos y sostiene a todos, y favorece a todos,

וּמֵכִין מָזוֹן לְכָל יה אדני בְּרִיּוֹתָיו אֲשֶׁר בָּרָא קנ"א ב"ן

כָּאָמוּר.

y Él prepara sustento para todas Sus criaturas que Él ha creado. Como está dicho:

POTÉAJ ET YADEJA

Abrir nuestras manos es nuestro reconocimiento adicional de que la Luz es el origen de toda la prosperidad duradera. Esta acción de voltear nuestras manos hacia arriba funciona como una antena espiritual, trayendo la energía del sustento a nuestra vida. Los sabios nos enseñan que si no realizamos esta acción específica, debemos repetir toda la bendición completa desde el comienzo.

פּוֹתֵחַ אֶת יָדֶךָ (יוהך)

"Abre tus manos

פאי סאל וזתך
Sustento a través del Diezmo

וּמַשְׂבִּיעַ וזתך לְכָל יה אדני -חַי רָצוֹן מהש: בָּרוּךְ אַתָּה

יְהֹוָֹאדנהי אהדונהי הַזָּן נגד אֶת הַכֹּל:

Y satisface las necesidades de cada ser viviente." Bendito eres Tú, HaShem, Quien provee de alimento a todos.

LA SEGUNDA BENDICIÓN-EL MUNDO DE BRIÁ / CREACIÓN

El versículo afirma que estamos agradeciendo a Dios. Pero la Cabalá nos enseña que un Creador todopoderoso no necesita nuestro agradecimiento o reconocimiento. En realidad, estamos despertando un sentido de apreciación sólo porque la energía de apreciación funciona como una fuerza de seguridad que protege toda nuestra buena fortuna. Agradecer a Dios también significa ayudar y cuidar a otros, porque cada persona en el planeta posee una chispa de Dios dentro de ella. Agradecer y reconocer a Dios realmente significa reconocer y apreciar a las personas que están sentadas a nuestro lado.

נוֹדֶה לְּךָ יְהֹוָֹאדנהי אהדונהי אֱלֹהֵינוּ ילה עַל שֶׁהִנְחַלְתָּ

לַאֲבוֹתֵינוּ, אֶרֶץ חֶמְדָּה זן טוֹבָה אכא וּרְחָבָה,

Te damos gracias, HaShem, nuestro Dios, porque has dado a nuestros padres como heredad una tierra buena, amplia y placentera;

וְעַל שֶׁהוֹצֵאתָנוּ יְהֹוָהאדניאהדונהי אֱלֹהֵינוּ ילה מֵאֶרֶץ
מִצְרַיִם מצר, וּפְדִיתָנוּ מִבֵּית ב"פ ראה עֲבָדִים, וְעַל
בְּרִיתְךָ שֶׁחָתַמְתָּ בִּבְשָׂרֵנוּ, וְעַל תּוֹרָתְךָ שֶׁלִּמַּדְתָּנוּ,
וְעַל חֻקֶּיךָ שֶׁהוֹדַעְתָּנוּ, וְעַל חַיִּים בינה ע"ה חֵן מוזי
וָחֶסֶד ע"ב שֶׁחוֹנַנְתָּנוּ, וְעַל אֲכִילַת מָזוֹן שָׁאַתָּה זָן נגד
וּמְפַרְנֵס אוֹתָנוּ תָּמִיד ע"ה נתה, בְּכָל לכב יוֹם נגד, זן
וּבְכָל לכב עֵת וּבְכָל לכב שָׁעָה: וְעַל הַכֹּל
יְהֹוָהאדניאהדונהי אֱלֹהֵינוּ ילה אֲנַחְנוּ מוֹדִים מאה לָךְ,
וּמְבָרְכִים אוֹתָךְ, יִתְבָּרַךְ שִׁמְךָ בְּפִי כָּל ילי חַי
תָּמִיד ע"ה נתה לְעוֹלָם וָעֶד. כַּכָּתוּב: וְאָכַלְתָּ וְשָׂבָעְתָּ
וּבֵרַכְתָּ אֶת יְהֹוָהאדניאהדונהי אֱלֹהֶיךָ ילה עַל הָאָרֶץ
הַטֹּבָה אכא אֲשֶׁר נָתַן לָךְ: בָּרוּךְ אַתָּה יְהֹוָהאדניאהדונהי
עַל הָאָרֶץ וְעַל הַמָּזוֹן:

Porque nos liberaste HaShem, nuestro Dios, de Egipto y nos rescataste de la casa de siervos; por el pacto que sellaste en nuestra carne; por Tu Torá que nos enseñaste y por hacernos saber Tus preceptos; por la vida, por la gracia y la clemencia con que nos favoreciste, y por el alimento con que nos sustentas siempre, a diario, en todos los tiempos y a toda hora. Por todo, HaShem, nuestro Dios, Te damos gracias y Te bendecimos. Pueda Tu nombre ser bendecido por la boca de todos los seres vivientes, siempre hasta la eternidad. Como está escrito: "Comerás y te hartarás, y bendecirás a HaShem, tu Dios, por la buena tierra que te ha dado." Bendito ere Tú, HaShem, por la tierra y por el nutrimento.

La Tercera Bendición-El Mundo de Yetsirá / Formación

Ten misericordia de Israel. La palabra *Rajem* (misericordia) tiene el valor numérico de 248, el mismo valor numérico que el nombre de *Avraham.* Avraham era conocido por su misericordia hacia todas las personas. 248 es también el número de partes físicas y espirituales de un individuo. Una manera segura de generar energía de curación para todas las 248 partes de nuestro cuerpo es comportándonos con misericordia hacia otros, como Avraham hizo. Esta bendición es nuestro puente elevadizo a los Mundos Superiores, trayendo Luz de curación a cada parte de nuestro cuerpo. Cuando vivimos nuestra vida con misericordia[50] hacia otros, el puente está abajo y la energía fluye. Cuando nos comportamos de manera contraria, el puente se eleva, cortando el flujo de energía.

En esta tercera bendición, tenemos dos conexiones: una para Shabat y una para Pésaj.

רַחֵם אברהם נָא יְהֹוָאדניאהדונהי אֱלֹהֵינוּ ילה, עַל יִשְׂרָאֵל
עַמֶּךָ, וְעַל יְרוּשָׁלַיִם עִירֶךָ, וְעַל צִיּוֹן יוסף מִשְׁכַּן
כְּבוֹדֶךָ ב״ן, לכב, וְעַל מַלְכוּת בֵּית ב״פ ראה דָּוִד מְשִׁיחֶךָ,
וְעַל הַבַּיִת ב״פ ראה הַגָּדוֹל וְהַקָּדוֹשׁ שֶׁנִּקְרָא שִׁמְךָ
עָלָיו. אֱלֹהֵינוּ ילה, אָבִינוּ, רְעֵנוּ, זוּנֵנוּ פַּרְנְסֵנוּ
וְכַלְכְּלֵנוּ, וְהַרְוִיחֵנוּ, וְהַרְוַח לָנוּ מום יְהֹוָאדניאהדונהי
אֱלֹהֵינוּ ילה מְהֵרָה מִכָּל צָרוֹתֵינוּ. וְנָא, אַל
תַּצְרִיכֵנוּ יְהֹוָאדניאהדונהי אֱלֹהֵינוּ ילה לֹא לִידֵי מַתְּנַת
בָּשָׂר וָדָם וְלֹא לִידֵי הַלְוָאָתָם. כִּי אִם יוהך לְיָדְךָ
הַמְּלֵאָה, הַפְּתוּחָה, הַקְּדוֹשָׁה וְהָרְחָבָה, שֶׁלֹּא
נֵבוֹשׁ וְלֹא נִכָּלֵם לְעוֹלָם וָעֶד:

Apiádate, por favor, HaShem, nuestro Dios, de Tu pueblo Israel; de Jerusalem, Tu ciudad; de Tsión, morada de Tu gloria; de la casa real de David, Tu ungido; del Templo grande y santo llamado por Tu nombre. Dios y Padre nuestro, nútrenos, sostennos, provee a nuestras necesidades, líbranos, HaShem, nuestro Dios, y otórganos pronto alivio de todos nuestros problemas. Y por favor, HaShem, nuestro Dios, haz que no dependamos de favores ni de dádivas de otras personas, sino únicamente de Tu Mano que está llena, abierta, santa y generosa; así no nos ganaremos insultos ni nos avergonzaremos nunca.

---

50. Un ejemplo de actuar con misericordia es cuando no reaccionamos inmediatamente cuando alguien nos hiere o nos molesta. Espera. Haz restricción. De acuerdo a la Cabalá, misericordia significa "tiempo". Inyectamos tiempo en nuestras emociones para no reaccionar impulsivamente. La espera crea un espacio. La Luz puede ahora llenar ese espacio, inspirándonos a responder en la manera espiritual correcta, apropiada a la situación.

SHABAT

Esta oración es adicional a la regular (ver el próximo recuadro),
Si Pésaj cae en Shabat:

En Shabat, para hacer la conexión con el *Bircat HaMazón*, la tercera bendición se correlaciona con el mundo de Zeir Anpín, la dimensión y fuente de toda la Luz espiritual que fluye a nuestro reino.

רְצֵה וְהַחֲלִיצֵנוּ יְהֹוָה‎ יאהדונהי אֱלֹהֵינוּ ילה
בְּמִצְוֹתֶיךָ וּבְמִצְוַת יוֹם נגד, זן הַשְּׁבִיעִי, הַשַּׁבָּת
הַגָּדוֹל וְהַקָּדוֹשׁ הַזֶּה והו. כִּי יוֹם נגד, זן זֶה גָּדוֹל
וְקָדוֹשׁ הוּא לְפָנֶיךָ סמ"ב, לִשְׁבָּת בּוֹ וְלָנוּחַ בּוֹ
בְּאַהֲבָה אחד כְּמִצְוַת רְצוֹנֶךָ. וּבִרְצוֹנְךָ הָנִיחַ
לָנוּ מום יְהֹוָה‎ יאהדונהי אֱלֹהֵינוּ ילה, שֶׁלֹּא תְהֵא צָרָה
וְיָגוֹן מילוי אלהים וַאֲנָחָה בְּיוֹם נגד, זן מְנוּחָתֵנוּ. וְהַרְאֵנוּ
יְהֹוָה‎ יאהדונהי אֱלֹהֵינוּ ילה בְּנֶחָמַת צִיּוֹן יוסף עִירֶךָ,
וּבְבִנְיַן יְרוּשָׁלַיִם עִיר קָדְשֶׁךָ, כִּי אַתָּה הוּא
בַּעַל הַיְשׁוּעוֹת וּבַעַל הַנֶּחָמוֹת:

Que Tu energía, HaShem, nuestro Dios, venga a nuestro rescate a través de Tus preceptos y del precepto del séptimo día, este gran y santo día de Shabat. Porque este día es grande y santo ante Ti, descansemos con serenidad y amor, de acuerdo a los preceptos de Tu voluntad. Y con Tu favor, HaShem, nuestro Dios, que no nos aflija en este día de reposo ninguna angustia, calamidad, ni tristeza. Y muéstranos, HaShem, nuestro Dios, el consuelo deTsión, Tu ciudad, y la reconstrucción de Jerusalem, ciudad de Tu santidad, pues Tú eres el Señor de la salvación y de las consolaciones.

PÉSAJ

Esta conexión inyecta una fuerza adicional de energía de libertad en las chispas de Luz que ya están siendo elevadas a los Mundos Superiores, gracias al *Bircat HaMazón*.

אֱלֹהֵינוּ ילה וֵאלֹהֵי לכב אֲבוֹתֵינוּ,

Dios nuestro y Dios de nuestros padres,

יַעֲלֶה וְיָבֹא וְיַגִּיעַ, וְיֵרָאֶה ר"ו ראה וְיֵרָצֶה וְיִשָּׁמַע,
וְיִפָּקֵד וְיִזָּכֵר זִכְרוֹנֵנוּ וּפִקְדוֹנֵנוּ, וְזִכְרוֹן אֲבוֹתֵינוּ,
וְזִכְרוֹן מָשִׁיחַ בֶּן דָּוִד עַבְדָּךְ פוי, וְזִכְרוֹן יְרוּשָׁלַיִם
עִיר עיר קָדְשֶׁךָ, וְזִכְרוֹן כָּל עַמְּךָ כלי בֵּית יִשְׂרָאֵל
לְפָנֶיךָ לִפְלֵיטָה לְטוֹבָה אכא, לְחֵן מוחי וּלְחֶסֶד ע"ב
וּלְרַחֲמִים לְחַיִּים בינה ע"ה טוֹבִים וּלְשָׁלוֹם. בְּיוֹם נגד, זן
חַג הַמַּצּוֹת הַזֶּה והו. זָכְרֵנוּ יְהֹוָהאדניאהדונהי אֱלֹהֵינוּ ילה
בּוֹ לְטוֹבָה אכא. וּפָקְדֵנוּ בוֹ לִבְרָכָה. וְהוֹשִׁיעֵנוּ בוֹ
לְחַיִּים בינה ע"ה טוֹבִים. וּבִדְבַר ראה יְשׁוּעָה וְרַחֲמִים.
חוּס וְחָנֵּנוּ, וַחֲמוֹל וְרַחֵם אברהם עָלֵינוּ וְהוֹשִׁיעֵנוּ, כִּי
אֵלֶיךָ עֵינֵינוּ. כִּי אֵל מֶלֶךְ חַנּוּן וְרַחוּם אָתָּה:

Pueda surgir, venir, alcanzar, ser notado, ser favorecido, ser oído, ser recordado y considerado el recuerdo de nuestros padres; el recuerdo del Mesías, hijo de David, Tu sirviente; el recuerdo de Jerusalem, la ciudad de Tu santidad; el recuerdo de toda Tu gente, la casa de Israel, ante Ti; para la liberación, para el bien, para gracia, para favor y para compasión, para una vida buena y en paz, en este día de Fiesta de las Matzot. Recuérdanos en él, HaShem, nuestro Dios, para el bien; considéranos para nuestra bendición; y ayúdanos para una vida buena. Y concerniente a salvación y misericordia, piedad, perdónanos, ten misericordia de nosotros, y sálvanos; te miramos a Ti, porque Tú eres Dios, Rey misericordioso y clemente.

UVNÉ YERUSHALAIM

La tercera bendición termina con el versículo *Jerusalem será construida con misericordia*. La razón por la que el templo de Jerusalem fue destruido hace 2,000 años fue debido al *Odio sin Razón*. Este tipo de odio encarna una completa ausencia de misericordia y tolerancia entre las personas. La única manera en la cual el templo será reconstruido, físicamente, es a través del poder del *Amor sin Razón*, lo que significa misericordia y dignidad humana hacia nuestros amigos y enemigos.

De manera interesante, la Cabalá nos enseña que el templo existe espiritualmente. Podemos traerlo al mundo físico en virtud de nuestro amor incondicional por otros. Cada año que el templo no aparece, es como si lo hubiésemos destruido de nuevo. Es esta destrucción la que trae todo el caos en nuestro mundo.

וּבְנֵה יְרוּשָׁלַיִם עִיר עי״ר הַקֹּדֶשׁ בִּמְהֵרָה בְיָמֵינוּ.
בָּרוּךְ אַתָּה יְהֹוָהאדניאהדונהי בּוֹנֵה ס״ג בְרַחֲמָיו
יְרוּשָׁלָיִם. אָמֵן:

Reconstruye la santa ciudad de Jerusalem, pronto en nuestros días. Bendito eres Tú, HaShem, Quien reconstruye, en Su misericordia, a Jerusalem, Amén.

LA CUARTA BENDICIÓN-EL MUNDO DE ASIYÁ / ACCIÓN

Hatov Vehametiv.Todas las cosas que Dios ha hecho, está haciendo, y hará para nosotros. Esta bendición significa que cualquier cosa que Dios nos dé es lo que necesitamos y no necesariamente lo que queremos. Si nos falta algo en nuestra vida, quiere decir que no estamos supuestos a tenerlo. Debemos tratar siempre de recibir todo lo que la vida puede ofrecernos, pero no debemos permitir estar controlados por el resultado de nuestros esfuerzos para recibir. Debemos aprender a apreciar y estar completamente felices con todo lo que tenemos en el presente y a no enfocar nuestros esfuerzos en alcanzar el próximo nivel de éxito como condición para nuestra felicidad.[51]

בָּרוּךְ אַתָּה יְהֹוָהאדניאהדונהי: אֱלֹהֵינוּ ילה מֶלֶךְ
הָעוֹלָם, הָאֵל לאה אָבִינוּ, מַלְכֵּנוּ, אַדִּירֵנוּ,
בּוֹרְאֵנוּ, גּוֹאֲלֵנוּ, יוֹצְרֵנוּ, קְדוֹשֵׁנוּ קְדוֹשׁ יַעֲקֹב,
רוֹעֵנוּ רוֹעֵה יִשְׂרָאֵל. הַמֶּלֶךְ הַטּוֹב והו, וְהַמֵּטִיב
לַכֹּל יה אדני, שֶׁבְּכָל לכב יוֹם נגד, זן וָיוֹם נגד, זן

Bendito eres Tú, HaShem, nuestro Dios, Rey del universo, Todopoderoso, nuestro Padre, nuestro Rey, nuestro Soberano, nuestro Formador, nuestro Redentor, nuestro Creador, Santo nuestro, Santo de Yaacov, nuestro Pastor, Pastor de Israel. Él es el buen Rey que hace el bien a todos, Él que nos muestra Su favor día a día y

51. El Rav Ashlag, el fundador del Centro de Cabalá en Jerusalem en 1922, reveló un inquietante descubrimiento que concierne al deseo de un hombre en su tratado Cabalístico *Entrada al Zóhar*. Dicho brevemente, Rav Ashlag explica que un hombre empieza la vida con un deseo de recibir 100 de un bien. Cuando él alcanza este 100, Satán entonces expande su deseo para que ahora desee 200. Cuando él alcanza 200, Satán expande el deseo a 400. Cuando alcanza 400, Satán expande la vasija de manera que ahora él desea 800. Esta expansión continúa hasta el día que el hombre muere. Entonces él deja este mundo, triste y frustrado por haber satisfecho sólo la mitad de sus deseos. Cuando hacemos restricción de nuestro *deseo de recibir para nosotros mismos solamente* y lo transformamos en uno para compartir, nos vemos totalmente satisfechos por la Luz. Otra manera de evitar que nuestros deseos crezcan sin control es simplemente apreciar todo lo que tenemos en este momento

הוּא הֵטִיב, הוּא מֵטִיב, הוּא יֵיטִיב לָנוּ מום. הוּא
גְמָלָנוּ, הוּא גוֹמְלֵנוּ, הוּא יִגְמְלֵנוּ לָעַד ב"פ בין לְחֵן מוזי
וּלְחֶסֶד ע"ב וּלְרַחֲמִים וּלְרֶוַח, הַצָּלָה וְהַצְלָחָה,
בְּרָכָה וִישׁוּעָה, נֶחָמָה, פַּרְנָסָה וְכַלְכָּלָה, וְרַחֲמִים,
וְחַיִּים בינה ע"ה וְשָׁלוֹם, וְכָל טוֹב והו, וּמִכָּל טוּב והו
לְעוֹלָם אַל יְחַסְּרֵנוּ.

nos colma de bien. Fue generoso con nosotros, es generoso con nosotros, será generoso por siempre con nosotros, con gracia y favor, y misericordia, con liberación, salvación, éxito, bendición, ayuda, consuelo, prosperidad y sustento, compasión, vida, paz, y todo lo bueno; y por todas las cosas buenas, nunca se aparte de nosotros.

El líder baja la copa de vino

HARAJAMÁN

En esta siguiente bendición, le pediremos a Dios todo: salud, felicidad, sustento, la redención final. Lo que se te ocurra, eso estamos pidiendo.

Los Cabalistas se preguntan cuál es el punto de pedir cualquier cosa. O Dios lo tiene entre sus cartas para que nosotros lo recibamos o no. La razón de pedir tiene que ver con el ego, que es el único obstáculo para recibir cualquier forma de satisfacción duradera. Si una persona no puede admitir que ella necesita a Dios, entonces nunca recibirá Luz. No importa cuántas acciones positivas hagamos, no importa cuán astutos seamos; sin admitir y reconocer la necesidad de la Luz del Creador, nunca podremos recibir satisfacción permanente.[52]

הָרַחֲמָן, הוּא יִמְלֹךְ עָלֵינוּ לְעוֹלָם וָעֶד.

¡El Misericordioso! Reine sobre nosotros por toda la eternidad!

52. ¿Dios necesita nuestro reconocimiento? ¿Tiene la vida que empujarnos a ese punto donde nosotros finalmente cedemos y admitimos que necesitamos al Creador? Los Cabalistas nos enseñan que podemos evitar este escenario entendiendo que nuestras negaciones o dudas sobre la realidad del Creador son realmente maniobras de Satán. Satán constantemente siembra dudas e incertidumbre en nuestras mentes de manera que creamos que nosotros somos los orquestadores de nuestros éxitos. Cuando admitimos esto, así como todas nuestras faltas, derrotamos a Satán de una vez. Ahora, cuando sientas la Luz después, conocerás a Dios. Reconocerás las dudas e incertidumbres por lo que realmente son: la influencia de Satán. Debemos recordar siempre que cada vez que encontremos difícil admitir nuestros horribles rasgos o que necesitamos a Dios, no somos nosotros los que estamos sintiendo esos sentimientos. Es Satán imprimiendo esos sentimientos en ti. Nuestra negación es su manera de esconderse y ocultarse. La única manera de exponer y derrotar a Satán dentro es romper el ego, detener las dudas reactivas y admitir y pedir ayuda a Dios.

הָרַחֲמָן, הוּא יִתְבָּרֵךְ בַּשָּׁמַיִם י"פ טל וּבָאָרֶץ.

הָרַחֲמָן, הוּא יִשְׁתַּבַּח י"פ ע"ב לְדוֹר דּוֹרִים, וְיִתְפָּאַר בָּנוּ לָעַד ב"פ ב"ן וּלְנֵצַח נְצָחִים, וְיִתְהַדַּר בָּנוּ לָעַד ב"פ ב"ן וּלְעוֹלְמֵי עוֹלָמִים.

הָרַחֲמָן, הוּא יְפַרְנְסֵנוּ בְּכָבוֹד בוכו.

הָרַחֲמָן, הוּא יִשְׁבּוֹר עֻלֵּנוּ מֵעַל עלם צַוָּארֵנוּ וְהוּא יוֹלִיכֵנוּ קוֹמְמִיּוּת לְאַרְצֵנוּ.

הָרַחֲמָן, הוּא יִשְׁלַח לָנוּ מום בְּרָכָה מְרֻבָּה בַּבַּיִת ב"פ ראה הַזֶּה והו וְעַל שֻׁלְחָן זֶה שֶׁאָכַלְנוּ עָלָיו.

הָרַחֲמָן, הוּא יִשְׁלַח לָנוּ מום אֶת אֵלִיָּהוּ לכב הַנָּבִיא זָכוּר יהי אור ע"ה לַטּוֹב והו סנזפך, סנדלפון, ערי, וִיבַשֶּׂר לָנוּ מום בְּשׂוֹרוֹת טוֹבוֹת יְשׁוּעוֹת וְנֶחָמוֹת.

הָרַחֲמָן, הוּא יְבָרֵךְ עסמ"ב אֶת הָרַב רַבִּי מוֹרִי בַּעַל הַבַּיִת ב"פ ראה הַזֶּה והו, וְאֶת הָרַבָּנִית מוֹרָתִי בַּעֲלַת הַבַּיִת ב"פ ראה הַזֶּה והו. אוֹתָם וְאֶת בֵּיתָם ב"פ ראה וְאֶת זַרְעָם וְאֶת כָּל ילי אֲשֶׁר לָהֶם.

¡El Misericordioso! Sea alabado en el cielo y en la tierra. ¡El Misericordioso! Sea Él elogiado a través de todas las generaciones, glorificado sea perpetuamente, y honrado entre nosotros por toda la eternidad. ¡El Misericordioso! Nos conceda medios de vivir honorables. ¡El Misericordioso! Dé fin al yugo de opresión de nuestros cuellos y nos conduzca a nuestra patria. ¡El Misericordioso! Envíenos Él abundantes bendiciones a este hogar y a esta mesa en la que comimos. ¡El Misericordioso! Nos envíe a Elías el Profeta, recordado sea por su bondad, para que nos anuncie buenas nuevas, salvación y consuelo. ¡El Misericordioso! Bendiga Él al Rav, mi maestro, el amo de esta casa, y a la esposa del Rav, mi maestra, la señora de esta casa. A ellos, a su casa, a su familia, y a todo lo que tienen. A todos nuestros amigos, donde quiera que se encuentren, a ellos, a sus familias y a todo lo que es de ellos.

הָרַחֲמָן, הוּא יְבָרֵךְ עסמ"ב אוֹתִי וְאָבִי וְאִמִּי וְאִשְׁתִּי
וְזַרְעִי וְאֶת כָּל יל"י אֲשֶׁר לִי. וְאֶת כָּל יל"י הַמְּסֻבִּין
כָּאן אוֹתָם וְאֶת בֵּיתָם ב"פ ראה וְאֶת זַרְעָם וְאֶת
כָּל יל"י אֲשֶׁר לָהֶם אוֹתָנוּ וְאֶת כָּל יל"י אֲשֶׁר לָנוּ מום,
כְּמוֹ שֶׁנִּתְבָּרְכוּ אֲבוֹתֵינוּ אַבְרָהָם רמ"ח וחכמה יִצְחָק
ד"פ ב"ן וְיַעֲקֹב: בַּכֹּל לכב, מִכֹּל, כֹּל יל"י. כֵּן יְבָרֵךְ עסמ"ב
אוֹתָנוּ כֻּלָּנוּ יַחַד, בִּבְרָכָה שְׁלֵמָה, וְנֹאמַר אָמֵן:

¡El Misericordioso! (Si estamos comiendo solos: Me bendiga a mí (a mi padre y mi madre), a mi esposa, a mis hijos y a todo lo que es mío). A todos los que están reunidos en esta mesa: a ellos, a sus casas, a sus familiares y a todo lo que tienen, a nosotros, y a todo lo que tenemos, como bendijo a nuestros padres Avraham, Yitsjak y Yaacov en todo, desde todo, con todo. Igualmente nos bendiga a todos juntos con una bendición perfecta y digamos: Amén.

בַּמָּרוֹם יְלַמְּדוּ עֲלֵיהֶם וְעָלֵינוּ זְכוּת, שֶׁתְּהֵא
לְמִשְׁמֶרֶת שָׁלוֹם, וְנִשָּׂא בְרָכָה מֵאֵת יְהֹוָהאדנ-יאהדונה"י,
וּצְדָקָה מֵאֱלֹהֵי דמב יִשְׁעֵנוּ, וְנִמְצָא חֵן מוח"י וְשֵׂכֶל
טוֹב והו בְּעֵינֵי מ"ה בריבוע אֱלֹהִים יל"ה וְאָדָם.

Que en el cielo conozcan sus méritos y los nuestros, nos aseguren una paz duradera, recibamos la bendición de HaShem, y el favor de Dios de nuestra salvación, y encontremos gracia y discernimiento (de los secretos de la Torá) ante los ojos de Dios y de los hombres.

En Shabat

הָרַחֲמָן, הוּא יַנְחִילֵנוּ יוֹם נג"ד, זן שֶׁכֻּלּוֹ שַׁבָּת
וּמְנוּחָה לְחַיֵּי הָעוֹלָמִים.

¡El Misericordioso!, Nos encuentre merecedores de un Shabat completo y el descanso eterno.

הָרַחֲמָן, הוּא יַנְחִילֵנוּ יוֹם נגד, זן שֶׁכֻּלּוֹ טוֹב והו.

הָרַחֲמָן, הוּא יְזַכֵּנוּ לִימוֹת הַמָּשִׁיחַ וּלְחַיֵּי הָעוֹלָם הַבָּא.

¡El Misericordioso! Nos halle merecedores de un día que es completamente bueno.¡El Misericordioso! Nos halle merecedores de la era del Mesías y de la vida en el Mundo Venidero (el mundo verdadero).

מִגְדּוֹל יְשׁוּעוֹת מַלְכּוֹ פוי וְעֹשֶׂה חֶסֶד ע"ב לִמְשִׁיחוֹ לְדָוִד וּלְזַרְעוֹ עַד עוֹלָם: עֹשֶׂה שָׁלוֹם בִּמְרוֹמָיו, הוּא יַעֲשֶׂה שָׁלוֹם, עָלֵינוּ וְעַל כָּל ילי יִשְׂרָאֵל, וְאִמְרוּ אָמֵן: יְראוּ אֶת יְהֹוָהאדניאהדונהי קְדֹשָׁיו, כִּי אֵין מַחְסוֹר לִירֵאָיו: כְּפִירִים רָשׁוּ וְרָעֵבוּ וְדֹרְשֵׁי יְהֹוָהאדניאהדונהי לֹא יַחְסְרוּ כָל ילי טוֹב והו: הוֹדוּ אהיה לַיהֹוָהאדניאהדונהי כִּי טוֹב והו, כִּי לְעוֹלָם חַסְדּוֹ:

Desde la grandeza de Su majestuosa salvación y bondadosos favores a Su ungido, a David y sus descendientes, para siempre. El Creador de paz en Sus Alturas, concédanos la paz, a nosotros y a todo Israel. Y digan: Amén. Apreciad a HaShem, santos Suyos, pues no padecerán los que le temen. Jóvenes leones pueden quedarse pobres y hambrientos, pero a los que buscan a HaShem ningún bien les faltará. Agradezcan a HaShem, porque es bueno, porque su merced perdura para siempre.

POTÉAJ ET YADEJA

Abrir nuestras manos es nuestro reconocimiento adicional de que la Luz es el origen de toda la prosperidad duradera. Esta acción de voltear nuestras manos hacia arriba funciona como una antena espiritual, trayendo la energía del sustento a nuestra vida. Los sabios nos enseñan que si no realizamos esta acción específica, debemos repetir toda la bendición completa desde el comienzo.

פּוֹתֵחַ אֶת יָדֶךָ (יוֹהֲהָתוֹכָהּ)

Abre Tus manos

פאי סאל וזתך

Sustento a través del Diezmo

וּמַשְׂבִּיעַ וזתך לְכָל יה אדני חַי רָצוֹן מהש:

y satisface las necesidades de cada ser viviente

בָּרוּךְ הַגֶּבֶר אֲשֶׁר יִבְטַח בַּיהֹוָהאדניאהדונהי וְהָיָה יהה יהוה יְהֹוָהאדניאהדונהי מִבְטַחוֹ: נַעַר הָיִיתִי גַּם זָקַנְתִּי וְלֹא רָאִיתִי צַדִּיק נֶעֱזָב וְזַרְעוֹ מְבַקֶּשׁ לָחֶם: יְהֹוָהאדניאהדונהי עֹז לְעַמּוֹ יִתֵּן יְהֹוָהאדניאהדונהי יְבָרֵךְ עסמ"ב אֶת עַמּוֹ בַשָּׁלוֹם:

Bendito el hombre que confía en HaShem, así HaShem será su amparo. Joven fui y ahora soy viejo, pero no he visto que un hombre justo quede abandonado ni que sus descendientes tengan que mendigar por pan. HaShem dará fuerza a Su pueblo. HaShem bendecirá a Su pueblo con la paz.

LESHEM YIJUD

LeShem Yijud actúa como una bujía que activa nuestro deseo de conectarnos a la energía espiritual. También sirve como un proceso de preparación, alistándonos para las tremendas fuerzas transmitidas.

לְשֵׁם יִחוּד קוּדְשָׁא בְּרִיךְ הוּא וּשְׁכִינְתֵּיהּ בִּדְחִילוּ וּרְחִימוּ וּרְחִימוּ וּדְחִילוּ לְיַחֲדָא שֵׁם יוּד קֵי בְּוָאו קֵי בְּיִחוּדָא שְׁלִים יהוה בְּשֵׁם כָּל ילי יִשְׂרָאֵל, הִנְנִי מוּכָן וּמְזוּמָן לְקַיֵּים מִצְוַת כּוֹס מום שְׁלִישִׁי שֶׁל אַרְבַּע כּוֹסוֹת,

Para la unificación del Santísimo, bendito sea Él y su Shejiná, con temor y misericordia y con misericordia y temor, para unificar el Nombre Yud Kei con Vav Kei en perfecta unidad, en el nombre de todo Israel, Yo estoy listo y deseoso de aplicar el precepto de bendecir la Tercera de las Cuatro Copas de Vino,

וִיהִי נֹעַם אֲדֹנָי אֱלֹהֵינוּ ילה עָלֵינוּ וּמַעֲשֵׂה יָדֵינוּ
כּוֹנְנָה עָלֵינוּ וּמַעֲשֵׂה יָדֵינוּ כּוֹנְנֵהוּ:

y sea del agrado de HaShem, nuestro Dios, estar sobre nosotros, y establecer la acción de nuestras manos sobre nosotros y establecer la acción de nuestras manos.

LA TERCERA COPA DE VINO-YETSIRÁ

Hay cuatro copas de vino escanciadas durante el transcurso del Séder. Estas cuatro copas representan y nos conectan con el nombre de Dios de cuatro letras-el Tetragramatón[53]-y con los cuatro Mundos Superiores en nuestra atmósfera espiritual. Los nombres de estos mundos son Atsilut, Briá, Yetsirá y Asiá.

Hacemos la bendición sobre la tercera copa y la bebemos reclinados hacia la izquierda.[54]

בָּרוּךְ אַתָּה יְהֹוָהאדניאהדונהי אֱלֹהֵינוּ ילה מֶלֶךְ הָעוֹלָם
בּוֹרֵא פְּרִי הַגָּפֶן:

Bendito eres Tú, HaShem, nuestro Dios, Rey del universo, Quien crea el fruto de la vid.

SHFOJ JAMATJÁ

Llenamos la copa del *Profeta Eliyá*.

Invitamos al *Profeta Eliyá* porque él es quien recibirá al Mesías cuando llegue. El *Profeta Eliyá* fue escogido debido a que él es el único ángel que tiene doble función. En este mundo es una persona. En los Mundos Superiores es un ángel. Por eso él es un puente a los Mundos Superiores para toda la humanidad. Para nosotros alcanzar el nivel de estar cerca de Dios, como lo están los ángeles, tenemos al *Profeta Eliyá* como nuestro vehículo. Cuando venga el Mesías, todos seremos como ángeles, lo cual significa que no necesitaremos maestros o ángeles nunca más. Cada uno sabrá conectarse con Dios en el nivel más alto posible.

Parece haber inconsistencia entre el concepto de libre albedrío y ángeles. A la mayoría de nosotros nos enseñaron que solamente el hombre tiene libre albedrío. Sin embargo, está también escrito que algunos ángeles tienen libre albedrío, lo cual explica porqué se sabe que algunos ángeles han pecado.

53 El Tetragramatón es una combinación poderosa de letras hebreas que transmite literalmente las fuerzas espirituales del Mundo Superior a nuestra existencia física. Las cuatro letras del Tetragramatón son יהוה.

54 Hemos aprendido que hay tres fuerzas fijadas en el cosmos: Columna Derecha, deseo de compartir; Columna Izquierda, deseo de recibir y Columna Central, libre albedrío para escoger y transformar nuestros deseos. Estas tres fuerzas se expresan a sí mismas en el cuerpo humano como sigue: brazo izquierdo, deseo de recibir; brazo derecho, deseo de compartir y cabeza, libre albedrío para escoger y controlar esos deseos. Nos inclinamos a nuestro lado izquierdo como una manera de subyugar y tomar control del deseo de recibir sólo para nosotros mismos. Cada acción física en nuestro mundo tiene un efecto correspondiente en los Mundos Superiores.

La Cabalá explica la discrepancia. La Cabalá afirma que los ángeles no tienen verdadero libre albedrío porque ellos están muy cerca de la Luz del Creador. Esta extrema cercanía hace que para ellos esté muy claro y sea muy simple no pecar, pues ellos están libres de la ley de causa y efecto. Ellos prevén las consecuencias de cualquier acción negativa. Saben que cualquier mala acción los desconectará de la brillante Luz del Creador. Por eso, es fácil para ellos decidirse por las acciones positivas. Nosotros, por otro lado, estamos en un mundo de oscuridad, a un nivel mucho más bajo que los ángeles. No sentimos la Luz de Dios tan fácilmente. No nos damos cuenta que el caos es la ausencia de la Luz del Creador. Como consecuencia, nos sentimos atraídos por el *deseo de recibir para nosotros mismos solamente*; conducta reactiva. El Profeta Eliyá nos realza y despierta la sensibilidad para sentir el potencial de la Luz del Creador, de manera que nos motivemos para transformar nuestras acciones.

La razón por la que *Eliyahu* viene antes que el Mesías en esta historia es para enseñarnos que debemos aprender primero a sentir la Luz y presencia de Dios en nuestras vidas, antes que el Mesías[55] personal y global pueda llegar.

Ahora abrimos la puerta para invitarlo a nuestro séder, y recitamos lo siguiente:

שְׁפוֹךְ חֲמָתְךָ אֶל הַגּוֹיִם אֲשֶׁר לֹא יְדָעוּךָ וְעַל
מַמְלָכוֹת אֲשֶׁר בְּשִׁמְךָ לֹא קָרָאוּ: כִּי אָכַל אֶת
יַעֲקֹב וְאֶת נָוֵהוּ הֵשַׁמּוּ: שְׁפָךְ עֲלֵיהֶם זַעְמֶךָ וַחֲרוֹן
אַפְּךָ יַשִּׂיגֵם: תִּרְדוֹף בְּאַף וְתַשְׁמִידֵם מִתַּחַת
שְׁמֵי יְהֹוָהאדניאהדונהי:

Vierte tu enojo sobre las naciones que no Te reconocen y sobre los reinos que no invocan Tu nombre. Pues han devorado a Yaacov y han desolado su morada. Vierte sobre ellos Tu cólera y que los alcance Tu indignación. Persíguelos con enojo y destrúyelos bajo el cielo de HaShem.

Cerramos la puerta.

DECIMOCUARTO PASO: HALEL

El Halel conecta a Maljut, nuestro reino físico de existencia. El valor numérico de Halel es el mismo que *Lámed, Lámed, Hei* ללה, uno de los 72 Nombres de Dios.[56]

55. Hay dos niveles de Mesías: personal y global. Cada persona puede alcanzar su propio Mesías personal en su vida logrando una transformación completa de carácter. Cuando suficientes individuos alcancen sus Mesías personales, se conseguirá una masa crítica que dará origen al Mesías global, trayendo paz total, realización e inmortalidad al mundo entero.

56. Los 72 Nombres de Dios es una fórmula que Moshé usó para realizar los milagros en Egipto. Esta fórmula estuvo oculta en el sagrado *Zóhar* por más de 2,000 años. Consiste de 72 grupos de secuencias de tres letras cifradas dentro de la historia de Éxodo en la Torá. Cada secuencia de tres letras nos da un poder particular para

Es también el valor numérico de *Álef, Dálet, Nun, Yud* אדני el nombre de Dios que se correlaciona directamente con y transmite energía a nuestro mundo físico.

Llenamos la cuarta copa y completamos el Halel.

TIFÉRET-LO LANU

No por nosotros Dios, no por nosotros, ¡Hazlo por tu nombre! El Rav Áshlag nos enseña el significado interior de este versículo: No importa todo lo que seamos capaces de alcanzar espiritualmente, por nuestra cuenta, nunca podremos verdaderamente ganar o merecer el grado de Luz que resplandece dentro de nosotros.

Nuestro cuerpo físico puede no merecer nada en este mundo, pero el Creador también nos dio una parte de Él mismo, la chispa de Luz que sostiene nuestra alma y es nuestra esencia. Esta chispa de Luz es conocida por la palabra clave *nombre*, del versículo ¡Hazlo por tu nombre! En realidad, le estamos pidiendo al Creador que nos de Luz para la parte de Luz en nosotros.

Para asegurar que Dios responda a esta oración, debemos reflejar nuestro pedido a través de acciones. Lo hacemos cuando compartimos con otros reconociendo la chispa de Luz que hay en ellos. Aún nuestro peor enemigo está impregnado con la chispa de Luz de Dios. Mientras más reconozcamos eso, más bendiciones y buena fortuna recibiremos en nuestra propia vida.

לֹא לָנוּ מום יְהֹוָה אדני אהדונהי לֹא לָנוּ מום כִּי לְשִׁמְךָ תֵּן
כָּבוֹד עַל חַסְדְּךָ עַל אֲמִתֶּךָ: לָמָּה יֹאמְרוּ הַגּוֹיִם
אַיֵּה נָא אֱלֹהֵיהֶם ילה: וֵאלֹהֵינוּ ילה בַשָּׁמָיִם כֹּל ילי
אֲשֶׁר חָפֵץ עָשָׂה: עֲצַבֵּיהֶם כֶּסֶף וְזָהָב מַעֲשֵׂה יְדֵי
אָדָם: פֶּה מום לָהֶם וְלֹא יְדַבֵּרוּ ראה עֵינַיִם לָהֶם וְלֹא
יִרְאוּ: אָזְנַיִם לָהֶם וְלֹא יִשְׁמָעוּ אַף לָהֶם וְלֹא
יְרִיחוּן: יְדֵיהֶם וְלֹא יְמִישׁוּן רַגְלֵיהֶם וְלֹא יְהַלֵּכוּ

No por nosotros, HaShem, no por nosotros sino por Tu Nombre da gloria, por Tu benevolencia y por Tu verdad. ¿Por qué han de decir las naciones: dónde está su Dios?. Nuestro Dios está en los Cielos. Él formó todo lo que Él quiso. Sus ídolos son de plata y oro, obra de manos de hombres. Tienen boca y no hablan.Tienen ojos y no ven. Tienen oídos y no oyen. Tienen narices y no huelen. Tienen manos y no palpan. Tienen pies y no andan.

superar los numerosos rasgos negativos de la naturaleza humana, en la misma manera que Moshé usó esta tecnología espiritual para superar las leyes de la madre naturaleza.

לֹא יֶהְגּוּ בִּגְרוֹנָם: כְּמוֹהֶם יִהְיוּ עֹשֵׂיהֶם כֹּל ילי
אֲשֶׁר בֹּטֵחַ בָּהֶם: יִשְׂרָאֵל בְּטַח בַּיהֹוָאדניה יאהדונהי
עֶזְרָם וּמָגִנָּם הוּא: בֵּית ב"פ ראה אַהֲרֹן בִּטְחוּ
בַיהֹוָאדניה יאהדונהי עֶזְרָם וּמָגִנָּם הוּא: יִרְאֵי יְהֹוָאדניה יאהדונהי
בִּטְחוּ בַיהֹוָאדניה יאהדונהי עֶזְרָם וּמָגִנָּם הוּא:

No pasará sonido por sus gargantas. Como ellos serán los que los hacen; todos los que en ellos confíen. Israel, confía en HaShem. Él es tu amparo y escudo. Casa de Aarón, confía en HaShem. Él es tu amparo y tu escudo. Aquellos que teman a HaShem, pongan su confianza en HaShem. Él es tu amparo y tu escudo. (Salmo 115:1-11)

NÉTSAJ - HASHEM

Los Cielos fueron dados a Dios, pero la tierra fue dada a la gente. Dios se separó de este mundo de manera que pudiésemos ser creadores y expresar el atributo divino que es parte de todos nosotros. Este párrafo nos da la fuerza de ser verdaderos creadores en nuestras propias vidas.[57]

יְהֹוָאדניה יאהדונהי זְכָרָנוּ יְבָרֵךְ יְבָרֵךְ אֶת בֵּית ב"פ ראה
יִשְׂרָאֵל יְבָרֵךְ אֶת בֵּית ב"פ ראה אַהֲרֹן: יְבָרֵךְ יִרְאֵי
יְהֹוָאדניה יאהדונהי הַקְּטַנִּים עִם הַגְּדֹלִים: יֹסֵף
יְהֹוָאדניה יאהדונהי עֲלֵיכֶם וְעַל בְּנֵיכֶם:
בְּרוּכִים אַתֶּם לַיהֹוָאדניה יאהדונהי עֹשֵׂה שָׁמַיִם וָאָרֶץ:

HaShem que se acordó de nosotros, nos bendecirá; bendecirá la casa de Israel; bendecirá la casa de Aarón. Él bendecirá a los que temen a HaShem; a los pequeños y a los grandes. Que HaShem los acreciente; a vosotros y a vuestros hijos. Benditos vosotros de HaShem, que hizo los Cielos y la tierra.

57. Una pequeña vela, flameando en un día soleado y brillante, no tiene verdadero valor en ese escenario. Pero hasta la oscuridad de un gran campo deportivo responde a la luz de una sola vela. En este mundo de oscuridad, una vela de repente toma un tremendo valor. Por esta razón, se ocultó la Luz de Dios, de forma que nuestras propias acciones de compartir y crear Luz tengan valor y peso en nuestras vidas. Así es como nosotros nos convertimos en verdaderos creadores de nuestra vida. Cuando somos creadores, logramos una similitud con el Creador y se alcanza la unidad.

הַשָּׁמַיִם שָׁמַיִם לַיהֹוָה וְהָאָרֶץ נָתַן לִבְנֵי אָדָם: לֹא הַמֵּתִים יְהַלְלוּ יָהּ וְלֹא כָּל יֹרְדֵי דוּמָה: וַאֲנַחְנוּ נְבָרֵךְ יָהּ מֵעַתָּה וְעַד עוֹלָם הַלְלוּיָהּ:

Los Cielos son los Cielos de HaShem, y la tierra ha dado a los hijos de los hombres. Los muertos no alaban a HaShem, no quienes descienden al sepulcro; y nosotros bendeciremos a Dios de ahora para siempre. Aleluyá (Alabemos a Dios). (Salmo 115: 12 hasta el final)

HOD – AHAVTI

Rabí Elimélej, un gran cabalista que vivió hace como 200 años, nos enseña que mientras rezamos, Satán a veces viene a nosotros y nos dice: "¿Por qué te molestas en pararte aquí y rezar? Tú realmente no quieres cambiar. Es muy difícil. Así que, ¿por qué te molestas con todo este trabajo espiritual complicado? Hay mucho que aprender y mucho que hacer. Nunca lo lograrás. Y con todas las acciones negativas que has hecho antes, tu situación personal no tiene esperanza."

Entiende ahora mismo que no importa lo que hicimos antes. Desde este momento en adelante, podemos cambiar y transformar nuestra naturaleza si realmente queremos.

Esta oración apaga la influencia negativa y destructiva de Satán. Cada persona puede cambiar. Cada uno tiene una apertura.

Dios protege y salva a los tontos. ¿Realmente Dios está enfocando todo sus esfuerzos en los tontos de este mundo? Ciertamente no. El más astuto de los hombres comete errores. Si pensamos que lo sabemos todo, si nuestros egos nos dicen que somos personas brillantes, entonces somos unos tontos y la Luz nunca nos alcanzará. Pero para esas personas que admiten que siempre hay cosas que aprender, no importa cuan astuto pensemos que somos, esa persona esta diciendo que es un tonto en una manera proactiva. Dios entonces lo protegerá y lo llevará a niveles aún más altos de realización.

אָהַבְתִּי כִּי יִשְׁמַע יְהֹוָה אֶת קוֹלִי תַּחֲנוּנָי: כִּי הִטָּה אָזְנוֹ לִי וּבְיָמַי אֶקְרָא: אֲפָפוּנִי חֶבְלֵי מָוֶת וּמְצָרֵי שְׁאוֹל מְצָאוּנִי צָרָה וְיָגוֹן אֶמְצָא: וּבְשֵׁם יְהֹוָה אֶקְרָא אָנָּה יְהֹוָה מַלְּטָה נַפְשִׁי:

Deseé con todo mi corazón que HaShem escuchase la voz de mis súplicas, y porque incline a mí Su oído; lo invocaré mientras viva. La angustia de la muerte me ha rodeado, y la miseria de la tumba se aferró a mí. Encontré agonía y dolor. Entonces llamé a HaShem: Por favor, HaShem, rescata mi alma.

חַנּוּן הקם יְהֹוָהאדניאהדונהי וְצַדִּיק וֵאלֹהֵינוּ ילה מְרַחֵם אברהם:
שֹׁמֵר פְּתָאיִם יְהֹוָהאדניאהדונהי דַּלּוֹתִי וְלִי יְהוֹשִׁיעַ:
שׁוּבִי נַפְשִׁי לִמְנוּחָיְכִי כִּי יְהֹוָהאדניאהדונהי גָּמַל עָלָיְכִי:
כִּי חִלַּצְתָּ נַפְשִׁי מִמָּוֶת אֶת עֵינִי מִן דִּמְעָה אֶת
רַגְלִי מִדֶּחִי: אֶתְהַלֵּךְ לִפְנֵי יְהֹוָהאדניאהדונהי בְּאַרְצוֹת
הַחַיִּים: הֶאֱמַנְתִּי כִּי אֲדַבֵּר ראה אֲנִי אני עָנִיתִי מְאֹד:
אֲנִי אני אָמַרְתִּי בְחָפְזִי כָּל ילי הָאָדָם כֹּזֵב:

Porque clemente es HaShem y justo, lleno de misericordia. HaShem cuida a las personas simples. Yo estaba desamparado y me salvó. Vuelve, alma mía, a tu reposo, porque HaShem te ha hecho bien. Porque has liberado mi alma de la muerte, mis ojos de lágrimas y mis pies de caídas. Yo andaré delante de HaShem en la tierra de los vivientes. Tuve fe aún cuando dije: estoy afligido en gran manera, y en mi precipitación dije: todos los hombres son traidores. (Salmo116: 1-11)

YESOD – MA

En este párrafo encontramos el versículo *Ana HaShem*. Este es el nombre de una melodía que es cantada frecuentemente en el Centro de Cabalá. En este versículo, pedimos a Dios que nos dé señales, direcciones y caminos que nos guíen hacia la Luz. Le estamos pidiendo a Dios que sea un verdadero maestro espiritual, que enseña a sus discípulos el buen camino. No vía relación maestro –esclavo, sino a través de la honorable relación maestro-estudiante en la cual el maestro aconseja a su estudiante en cada etapa del camino.

מָה אָשִׁיב לַיהֹוָהאדניאהדונהי כָּל ילי תַּגְמוּלוֹהִי עָלָי:
כּוֹס מום יְשׁוּעוֹת אֶשָּׂא וּבְשֵׁם יְהֹוָהאדניאהדונהי אֶקְרָא:
נְדָרַי לַיהֹוָהאדניאהדונהי אֲשַׁלֵּם נֶגְדָה נָּא לְכָל עַמּוֹ:
יָקָר בְּעֵינֵי יְהֹוָהאדניאהדונהי הַמָּוְתָה לַחֲסִידָיו: אָנָּה
יְהֹוָהאדניאהדונהי כִּי אֲנִי אני עַבְדֶּךָ פוי

¿Cómo compensaré a HaShem por todas Sus bondades para conmigo? Levantaré una copa de salvación y proclamaré en el nombre de HaShem. Cumpliré mis votos a HaShem delante de todo Su pueblo. Preciosa es a los ojos de HaShem, la muerte de Sus santos. Por favor, HaShem, Soy tu servidor,

אֲנִי אני עַבְדְּךָ פוי בֶּן אֲמָתֶךָ פִּתַּחְתָּ לְמוֹסֵרָי: לְךָ
אֶזְבַּח זֶבַח תּוֹדָה וּבְשֵׁם יְהֹוָהאדנייאהדונהי אֶקְרָא:
נְדָרַי לַיהֹוָהאדנייאהדונהי אֲשַׁלֵּם נֶגְדָה נָּא לְכָל עַמּוֹ:
בְּחַצְרוֹת בֵּית ב״פ ראה יְהֹוָהאדנייאהדונהי בְּתוֹכֵכִי
יְרוּשָׁלָםִ הַלְלוּיָהּ מום:

Soy tu servidor, hijo de Tu sierva. Tú has cortado mis ataduras. Te ofreceré un sacrificio de alabanzas e invocaré el nombre de HaShem. Cumpliré con mis votos a HaShem delante de todo Su pueblo, en los atrios de la casa de HaShem, en medio de Jerusalem, Aleluyá (Alabad a Dios). (Salmo 116: 12 hasta el final)

MALJUT – HALELU

Todas las naciones del mundo deberían alabar a Dios. Todas las naciones del mundo necesitan sus propias conexiones con Dios. No son sólo los israelitas los que tienen este privilegio.

Todas las naciones deben vivir con una ley universal: *Ama al prójimo como a ti mismo*. Todos debemos tratar al prójimo con dignidad humana, sensibilidad y compasión. Las oraciones no fueron dadas sólo a los israelitas; la Torá y la Cabalá no fueron entregadas solamente a los israelitas. Hay ritos espirituales y rituales que los israelitas hacen, y hay conexiones espirituales que los no israelitas llevan a cabo. De acuerdo a la Cabalá, hay conexiones que los hombres pueden realizar y hay conexiones exclusivas para mujeres. Cada religión, de acuerdo con la Cabalá, tiene su propio camino hacia la Luz. Pero la conexión que aplica para todas las naciones del mundo es "*Ama a tu prójimo*." Sea uno católico, musulmán, israelita o budista, todos debemos tratar a la gente con dignidad. La única razón por la que hay guerra entre las naciones y caos en la sociedad es por la ausencia de compasión y sensibilidad entre las personas.

הַלְלוּ אֶת יְהֹוָהאדנייאהדונהי כָּל ילי גּוֹיִם שַׁבְּחוּהוּ כָּל ילי
הָאֻמִּים: כִּי גָבַר עָלֵינוּ חַסְדּוֹ וֶאֱמֶת יְהֹוָהאדנייאהדונהי
לְעוֹלָם הַלְלוּיָהּ מום:

Alabad a HaShem, todas las naciones. Exaltadlo, todos los pueblos. Porque grande es Su piedad hacia nosotros y Su fidelidad es eterna. Aleluyá (Alabad a Dios). (Salmo 117)

MALJUT – HODU

Las siguientes cuatro líneas se conectan con cuatro mundos espirituales. Espiritualmente hablando, algunas personas en nuestro mundo se conectan con los mundos superiores, mientras otros se conectan con los medios y bajos reinos. La única manera para la humanidad de alcanzar la verdadera unidad es que cada uno de nosotros deje ir nuestro ego y acepte el hecho que nadie es superior o inferior. Es sólo el ego el que crea esta distinción. Si nos consideramos a nosotros mismos al mismo nivel que todas las demás personas, Dios responde y su energía nos alcanza en nuestro propio nivel. Así es como alcanzamos la unidad entre hombres y Dios.

El Talmud refuerza este concepto. Aprendemos que un mosquito está en un nivel espiritual superior al de un hombre que no se dedica a su trabajo espiritual. El mosquito viene a este mundo a picar. Como todo sabemos, el mosquito realiza su trabajo muy efectivamente. Nosotros vinimos aquí para alcanzar una transformación espiritual. Si el Presidente Ejecutivo de una importante empresa y un obrero están ambos haciendo su trabajo espiritual, ellos están realizando su misión en la vida y por lo tanto están en el mismo nivel a los ojos de Dios.[58]

Estos cuatro versículos se conectan con cuatro diferentes combinaciones del *Yud, Kei, Vav, Kei*. Cada una de estas diferentes combinaciones de letras es como etapas diferentes de transformadores canalizando corrientes espirituales de energía desde varios niveles de las diez Sefirot a nuestro reino físico.

1. "Yud יוד, he הי, vyv ויו, he הי" : el nivel de Jojmá.
2. "Yud יוד, he הי, vav ואו, he הי" : el nivel de Biná.
3. "Yud יוד, ha הא, vav ואו, ha הא" : el nivel de Zeir Anpín.[59]
4. "Yud יוד, hh הה, vv וו, hh הה" : el nivel de Maljut.

יוד הי ויו הי הוֹדוּ אהיה לַיהֹוָהאדניאהדונהי כִּי

אלף הי יוד הי טוֹב והו אום כִּי לְעוֹלָם חַסְדּוֹ:

יוד הי ואו הי יֹאמַר נָא יִשְׂרָאֵל כִּי לְעוֹלָם

אלף הי יוד הי חַסְדּוֹ:

יוד הא ואו הא יֹאמְרוּ נָא בֵית ב"פ ראה אַהֲרֹן

אלף הא יוד הא כִּי לְעוֹלָם חַסְדּוֹ:

Dad gracias a HaShem porque es bueno, porque Su misericordia es eterna. Diga sus oraciones Israel, porque Su misericordia es eterna. Ore la casa de Aarón porque Su misericordia es eterna.

58. Algunas personas están contentas en sus actuales posiciones en la vida porque les satisface el ego. Estas personas necesitan trabajar más duro para traspasar el velo de ilusión que está estancando su misión espiritual en la vida. Otras personas nunca están contentas donde están. Parte de su trabajo es realmente apreciar que ellos están haciendo su trabajo espiritual. Tienen que darse cuenta que ellos están en el mismo nivel espiritual que la gente que envidian así como de la gente que ellos consideran que están en un nivel más bajo que ellos.
59. Zeir Anpín es una dimensión compactada que envuelve las seis dimensiones de Jésed, Guevurá, Tiféret, Nétsaj, Hod y Yesod como un todo unificado.

יוד הה וו הה יֹאמְרוּ נָא יִרְאֵי יְהֹוָהאדניאהדונהי

אלף הה יוד הה כִּי לְעוֹלָם חַסְדּוֹ:

Oren los que temen a Dios porque Su misericordia es eterna.

MIN HAMETSAR

Desde el aprieto yo llamé a Dios. Desafortunadamente la mayoría de nosotros llamamos a Dios cuando estamos en apuros. Suplicamos a Dios llenar nuestro vacío, aflojar el collar que tenemos alrededor de nuestros cuellos. Para ayudarnos a tener un pequeño espacio de respiro, Dios nos contestará durante estos momentos de prueba, siempre y cuando también Lo llamemos durante los buenos tiempos y reconozcamos Su mano e influencia en toda nuestra buena fortuna.

El *Zóhar* también nos enseña que si creamos en nosotros una apertura espiritual no mayor que el ojo de una aguja, Dios nos contestará y nos mostrará las puertas celestiales. ¿Por qué el *Zóhar* utiliza la metáfora del ojo de una aguja cuando pudo haber dicho "haz una pequeña apertura"? El ojo de una aguja puede ser microscópico, pero es una apertura completa y pura. Nuestra apertura para la espiritualidad puede ser pequeña y mínima, pero no puede haber duda o incertidumbre. Debe ser una apertura completa.

מִן הַמֵּצַר קָרָאתִי יָּהּ ההה עָנָנִי בַמֶּרְחָב יָהּ ההה:

יְהֹוָהאדניאהדונהי לִי לֹא אִירָא מַה יַּעֲשֶׂה לִי אָדָם:

יְהֹוָהאדניאהדונהי לִי בְּעֹזְרָי וַאֲנִי אני אֶרְאֶה ראה בְשֹׂנְאָי:

טוֹב והו לַחֲסוֹת בַּיהֹוָהאדניאהדונהי מִבְּטֹחַ בָּאָדָם:

טוֹב והו לַחֲסוֹת בַּיהֹוָהאדניאהדונהי מִבְּטֹחַ בִּנְדִיבִים:

כָּל ילי גּוֹיִם סְבָבוּנִי בְּשֵׁם יְהֹוָהאדניאהדונהי כִּי

אֲמִילַם: סַבּוּנִי גַם סְבָבוּנִי בְּשֵׁם יְהֹוָהאדניאהדונהי כִּי

אֲמִילַם: סַבּוּנִי כִדְבוֹרִים דֹּעֲכוּ כְּאֵשׁ קוֹצִים

בְּשֵׁם יְהֹוָהאדניאהדונהי כִּי אֲמִילַם:

En mi angustia invoqué a Dios. Dios me respondió en Su expansividad. HaShem está conmigo, no temeré. ¿Qué podrá hacerme el hombre? HaShem vendrá a mi en mi socorro. Y triunfaré sobre mis enemigos. Es mejor refugiarse en HaShem Que confiar en el hombre. Es mejor refugiarse en HaShem Que confiar en príncipes. Todas las naciones me tienen rodeado. En el nombre de HaShem yo las venceré. Me han rodeado una y otra vez. En el nombre de HaShem las venceré. Me rodearon como abejas, pero ardieron como un fuego de espinos. En nombre de HaShem, los venceré.

דָּחֹה דְחִיתַנִי לִנְפֹּל וַיהֹוָה יאהדונהי עֲזָרָנִי: עָזִּי מום
וְזִמְרָת יָהּ ההה וַיְהִי לִי לִישׁוּעָה: קוֹל רִנָּה וִישׁוּעָה
בְּאָהֳלֵי צַדִּיקִים יְמִין יְהֹוָה יאהדונהי עֹשָׂה חָיִל ומב:
יְמִין יְהֹוָה יאהדונהי רוֹמֵמָה יְמִין יְהֹוָה יאהדונהי עֹשָׂה
חָיִל ומב: לֹא אָמוּת כִּי אֶחְיֶה וַאֲסַפֵּר מַעֲשֵׂי יָהּ ההה:
יַסֹּר יִסְּרַנִּי יָּהּ ההה וְלַמָּוֶת לֹא נְתָנָנִי: פִּתְחוּ לִי
שַׁעֲרֵי צֶדֶק אָבֹא בָם אוֹדֶה יָהּ ההה: זֶה הַשַּׁעַר
לַיהֹוָה יאהדונהי צַדִּיקִים יָבֹאוּ בוֹ:

Me empujaron para que cayese, pero HaShem me socorrió. La fuerza y el poder de Dios son mi salvación. El sonido del canto y salvación está en la tienda de los justos. La diestra de HaShem es poderosa. La diestra de HaShem está levantada. La diestra de HaShem es sublime. La diestra de HaShem es poderosa. No moriré, sino que viviré y anunciaré las obras de Dios. Aunque Dios me ha castigado una y otra vez, no me ha entregado a la muerte. Abridme las puertas de la justicia. Entraré por ellas y agradeceré a Dios. Esta es la puerta de HaShem, por ella entrarán los justos.

ODJÁ

Tenemos cuatro versos que nos conectan con las cuatro letras *Yud, Kei, Vav, Kei*; cada verso se recita dos veces.[60]

י אוֹדְךָ כִּי עֲנִיתָנִי וַתְּהִי לִי לִישׁוּעָה:

ה אֶבֶן מָאֲסוּ הַבּוֹנִים הָיְתָה לְרֹאשׁ פִּנָּה:

ו מֵאֵת יְהֹוָה יאהדונהי הָיְתָה זֹּאת הִיא נִפְלָאת
בְּעֵינֵינוּ:

Te doy las gracias porque me escuchaste y me diste mi salvación. La piedra que desecharon los constructores ha venido a ser la piedra angular. Obra de HaShem es esto, una maravilla para nuestros ojos.

60. El Tetragramatón es una combinación poderosa de letras hebreas que literalmente transmite las fuerzas espirituales del Mundo Superior a nuestra existencia física. Las cuatro letras del Tetragramatón son יהוה.

ה זֶה הַיּוֹם נגד, זן עָשָׂה יְהֹוָֽהאדניאהדונהי נָגִילָה וְנִשְׂמְחָה
בוֹ׃

Este día lo hizo HaShem, gocemos y alegrémonos en él.

ANÁ

Estos cuatro versos nos ofrecen un diferente camino hacia la Luz. El valor numérico equivalente de *Yud, Kei, Vav, Kei* es 52, que también es el valor numérico de nuestro mundo físico de Maljut. Como la luna, Maljut no tiene Luz propia. Estos cuatro versos nos ayudan a nosotros, a Maljut, a recibir Luz a lo largo de los circuitos siguientes:

1. El primer verso es Maljut recibiendo de Jojmá.
2. El segundo verso es Maljut recibiendo de Biná.
3. El tercer verso es Maljut recibiendo de Zeir Anpín.
4. El cuarto verso es Maljut recibiendo de Jojmá, Biná y Zeir Anpín en conjunto.

אָנָּא לכב יְהֹוָֽהאדניאהדונהי הוֹשִׁיעָה נָּא׃

אָנָּא לכב יְהֹוָֽהאדניאהדונהי הוֹשִׁיעָה נָּא׃

אָנָּא לכב יְהֹוָֽהאדניאהדונהי הַצְלִיחָה נָּא׃

אָנָּא לכב יְהֹוָֽהאדניאהדונהי הַצְלִיחָה נָּא׃

Te suplicamos, HaShem, sálvanos por favor. Te suplicamos, HaShem, sálvanos por favor.Te suplicamos, HaShem, haz que prosperemos.Te suplicamos, HaShem, haz que prosperemos.

BARUJ HABÁ

Estos cuatro versos siguientes son las conexiones regulares con el *Yud, Hei, Vav, Hei*. Cada verso se recita dos veces.

י בָּרוּךְ הַבָּא בְּשֵׁם יְהֹוָֽהאדניאהדונהי

בֵּרַכְנוּכֶם מִבֵּית ב״פ ראה יְהֹוָֽהאדניאהדונהי׃

ה אֵל יְהֹוָֽהאדניאהדונהי וַיָּאֶר לָנוּ מום

אִסְרוּ חַג בַּעֲבֹתִים עַד קַרְנוֹת הַמִּזְבֵּחַ נגד׃

Bendito sea el que viene en Nombre de HaShem. Te bendecimos desde la Casa de HaShem. Hashem es Dios, Él nos dio la Luz. Atad el sacrificio con cuerdas hasta las esquinas del Altar.

ו אֵלִי אַתָּה וְאוֹדֶךָּ אֱלֹהַי דמב אֲרוֹמְמֶךָּ:

ה הוֹדוּ אהיה לַיהוָֹהאדניאהדונהי כִּי טוֹב והו כִּי לְעוֹלָם

וַחְסְדּוֹ:

Tú eres mi Dios y a Ti daré las gracias, mi Dios, y Te exaltaré. Agradeced a HaShem porque es bondadoso. Su bondad es eterna. (Salmo 118)

HODU

Esta sección contiene 26 versos, que es el mismo valor numérico del Tetragramatón.[61] Cada uno de estos versos también se correlaciona con 26 ángeles diferentes. No sabemos la función cósmica específica y el rol de la mayoría de estos ángeles. Ellos están, sin embargo, conectados con el Tetragrámaton a través de estos 26 versos. El Tetragrámaton es nuestra conexión con el Mundo Superior directamente sobre nosotros, el reino conocido como Zeir Anpín.[62] También sabemos que Zeir Anpín y los ángeles que residen allí son responsables por toda la satisfacción, milagros, placer, sustento y felicidad que podemos alcanzar en este mundo físico. Podemos capturar todas estas cualidades en un paso, a través de estos 26 versos, el Tetragramatón, y los 26 ángeles.

Cuando recitamos esta sección, debemos meditar en llenar todas las carencias en nuestra vida, las carencias de las que estamos enterados, así como cualquier otra carencia que aún no hayamos percibido.

י

אדריאל

הוֹדוּ אהיה לַיהוָֹהאדניאהדונהי כִּי טוֹב והו אום

כִּי לְעוֹלָם וַחְסְדּוֹ ג' הויות: יְיָד

Agradeced a HaShem porque es bueno, su misericordia es eterna.

ברכיאל

הוֹדוּ אהיה לֵאלֹהֵי דמב הָאֱלֹהִים ילה

כִּי לְעוֹלָם וַחְסְדּוֹ ג' הויות: יְיָד

Agradeced a HaShem, Dios de todas las fuerzas celestiales, su misericordia es eterna.

---

61. El Tetragramatón es una combinación poderosa de letras hebreas que literalmente transmite las fuerzas espirituales del Mundo Superior a nuestra existencia física. Las cuatro letras del Tetragramatón son יהוה.

62. La humanidad es comparada con la luna, porque ninguna de las dos tiene luz propia. La luz de la luna es derivada del sol. La Luz espiritual del hombre es derivada del reino de Zeir Anpín del Mundo Superior.

גועיאל

הוֹדוּ אהיה לַאֲדֹנֵי הָאֲדֹנִים

כִּי לְעוֹלָם חַסְדּוֹ ג' הויות: יְיָד

Agradeced al Señor de los señores, Su bondad es eterna.

דורשיאל

לְעֹשֵׂה נִפְלָאוֹת גְּדֹלוֹת לְבַדּוֹ מ"ב

כִּי לְעוֹלָם חַסְדּוֹ ג' הויות: יְיָד

Al que solo realiza milagros, porque Su misericordia es eterna.

הדריאל

לְעֹשֵׂה הַשָּׁמַיִם י"פ טל בִּתְבוּנָה

כִּי לְעוֹלָם חַסְדּוֹ ג' הויות: יְיָד

Al que hizo los Cielos con entendimiento, porque Su misericordia es eterna.

וועדיאל

לְרֹקַע הָאָרֶץ עַל הַמָּיִם

כִּי לְעוֹלָם חַסְדּוֹ ג' הויות: יְיָד

Al que tendió la tierra sobre las aguas, porque Su misericordia es eterna.

זבדיאל

לְעֹשֵׂה אוֹרִים רז גְּדֹלִים

כִּי לְעוֹלָם חַסְדּוֹ ג' הויות: יְיָד

Al que hizo los grandes luminares, porque Su misericordia es eterna.

חזניאל

אֶת הַשֶּׁמֶשׁ לְמֶמְשֶׁלֶת בַּיּוֹם נגד, זן

כִּי לְעוֹלָם חַסְדּוֹ ג' הויות: יְיָד

Al sol para que dominase en el día, porque Su misericordia es eterna.

טהוריאל

אֶת הַיָּרֵחַ וְכוֹכָבִים לְמֶמְשְׁלוֹת בַּלָּיְלָה מלה

כִּי לְעוֹלָם חַסְדּוֹ ג' הויות: יְיָד

La luna y las estrellas para que dominasen en la noche, porque Su misericordia es eterna.

ידידיאל

לְמַכֵּה מִצְרַיִם מצר בִּבְכוֹרֵיהֶם

כִּי לְעוֹלָם חַסְדּוֹ ג' הויות: יְוָד

Al que hirió a Egipto a través de sus primogénitos, porque Su misericordia es eterna.

ה

כרוביאל

וַיּוֹצֵא יִשְׂרָאֵל מִתּוֹכָם

כִּי לְעוֹלָם חַסְדּוֹ ג' הויות: הָי

Sacó a Israel de entre ellos, porque Su misericordia es eterna.

להטיאל

בְּיָד חֲזָקָה וּבִזְרוֹעַ נְטוּיָה

כִּי לְעוֹלָם חַסְדּוֹ ג' הויות: הָי

Con Mano fuerte y el Brazo tendido, porque Su misericordia es eterna.

מהגביאל

לְגֹזֵר יַם ילי סוּף לִגְזָרִים

כִּי לְעוֹלָם חַסְדּוֹ ג' הויות: הָי

Al que dividió el Mar Rojo, porque Su misericordia es eterna.

נוריאל

וְהֶעֱבִיר יִשְׂרָאֵל בְּתוֹכוֹ

כִּי לְעוֹלָם חַסְדּוֹ ג' הויות: הָי

Y Quien hizo pasar a Israel por el medio, porque Su misericordia es eterna.

נוצציאל

וְנִעֵר פַּרְעֹה וְחֵילוֹ בְיַם ילי סוּף

כִּי לְעוֹלָם חַסְדּוֹ ג' הויות: הָי

Y arrojó al Faraón y su ejército al Mar Rojo, porque Su misericordia es eterna.

ו

נוּדִיאֵל

לְמוֹלִיךְ עַמּוֹ בַּמִּדְבָּר

כִּי לְעוֹלָם חַסְדּוֹ ג' הויות: וְיָ

Y llevó su pueblo a través del desierto, porque Su misericordia es eterna.

סרעִיאֵל

לְמַכֵּה מְלָכִים גְּדֹלִים

כִּי לְעוֹלָם חַסְדּוֹ ג' הויות: וְיָ

Abatió grandes reyes, porque Su misericordia es eterna.

עֲשִׂאֵל

וַיַּהֲרֹג מְלָכִים אַדִּירִים הרי

כִּי לְעוֹלָם חַסְדּוֹ ג' הויות: וְיָ

Y mató a estos soberanos poderosos, porque Su misericordia es eterna.

פקדיאל

לְסִיחוֹן מֶלֶךְ הָאֱמֹרִי

כִּי לְעוֹלָם חַסְדּוֹ ג' הויות: וְיָ

A Sijón, rey de los amorreos, porque Su misericordia es eterna.

צרופיאל

וּלְעוֹג מֶלֶךְ הַבָּשָׁן

כִּי לְעוֹלָם חַסְדּוֹ ג' הויות: וְיָ

Y Og, rey de Bashán, porque Su misericordia es eterna.

קדושיאל

וְנָתַן אַרְצָם לְנַחֲלָה

כִּי לְעוֹלָם חַסְדּוֹ ג' הויות: וְיָ

Y dio la tierra de ellos en heredad, porque Su misericordia es eterna.

ה

רוממיאל

נַחֲלָה לְיִשְׂרָאֵל עַבְדּוֹ

כִּי לְעוֹלָם חַסְדּוֹ ג' הויות: הָיָ

Por herencia a Israel, Su siervo porque Su misericordia es eterna.

שׂומריאל

שֶׁבְּשִׁפְלֵנוּ זָכַר לָנוּ מום

כִּי לְעוֹלָם חַסְדּוֹ ג' הויות: הָיָ

Se acordó de nosotros cuando estábamos oprimidos, porque Su misericordia es eterna.

שׂמריאל

וַיִּפְרְקֵנוּ מִצָּרֵינוּ

כִּי לְעוֹלָם חַסְדּוֹ ג' הויות: הָיָ

Y nos rescató de nuestros atormentadores, porque Su misericordia es eterna.

תומכיאל

נֹתֵן לֶחֶם ג' הויות לְכָל יה אדני בָּשָׂר

כִּי לְעוֹלָם חַסְדּוֹ ג' הויות: הָיָ

Da alimentos a todas sus criaturas, porque Su misericordia es eterna.

תהפיאל

הוֹדוּ אהיה לְאֵל הַשָּׁמָיִם י"פ טל

כִּי לְעוֹלָם חַסְדּוֹ ג' הויות: הָיָ

Agradezcan al Dios de los Cielos, porque Su misericordia es eterna. (Salmo 136)

NISHMAT

Esta sección es recitada en todas las festividades y Shabat. Es nuestra conexión, nuestra vasija, para captar la energía espiritual adicional que está disponible en las festividades y en Shabat. Siempre recitamos estos versos en la mañana, excepto en Pésaj que lo recitamos en la noche.

Rabí Avraham Azulai nos enseña que cuando llega el anochecer, una parte de nuestras almas se va a los Mundos Superiores, aún cuando estamos despiertos, por lo que nos sentimos cansados a medida que la noche va entrando. A medianoche, el alma regresa. Antes de ir a la cama, hay una conexión especial que hacemos, conocida como el *Shemá,* que actúa como un cordón de seguridad entre el cuerpo y el alma. Este cordón permanece conectado con nuestro cuerpo mientras nuestra alma sube a los Mundos Superiores. A medianoche, el cordón "trae" de regreso el alma al cuerpo. El *Shemá* también protege el cuerpo cuando el alma lo ha dejado.

En Pésaj, este proceso no ocurre. El alma no necesita recargarse en la noche de Pésaj porque la festividad por sí sola nos provee con esta carga. Más aún, no necesitamos recitar el *Shemá* porque nuestra alma se queda con nosotros. No necesitamos otra protección extra en la noche de Pésaj.

Esta conexión de *Nishmat* nos provee de protección adicional en todas las demás noches, por el resto del año, cada noche que nuestra alma nos deja.

נִשְׁמַת כָּל יל"י חַי בינה ע"ה תְּבָרֵךְ אֶת שִׁמְךָ יְהֹוָהאדניאהדונהי אֱלֹהֵינוּ ילה וְרוּחַ כָּל יל"י בָּשָׂר תְּפָאֵר וּתְרוֹמֵם זִכְרְךָ מַלְכֵּנוּ תָּמִיד ע"ה נתה. מִן הָעוֹלָם וְעַד הָעוֹלָם אַתָּה אֵל. וּמִבַּלְעָדֶיךָ אֵין לָנוּ מום מֶלֶךְ גּוֹאֵל וּמוֹשִׁיעַ. פּוֹדֶה וּמַצִּיל. וְעוֹנֶה וּמְרַחֵם אברהם. בְּכָל לכב עֵת צָרָה וְצוּקָה. אֵין לָנוּ מום מֶלֶךְ עוֹזֵר וְסוֹמֵךְ כוק אֶלָּא אָתָּה: אֱלֹהֵי דמב הָרִאשׁוֹנִים וְהָאַחֲרוֹנִים. אֱלוֹהַּ מ"ב כָּל יל"י בְּרִיּוֹת. אֲדוֹן אני כָּל יל"י תּוֹלָדוֹת. הַמְּהֻלָּל בְּכָל לכב הַתִּשְׁבָּחוֹת. הַמְנַהֵג עוֹלָמוֹ בְּחֶסֶד ע"ב וּבְרִיּוֹתָיו בְּרַחֲמִים מצפצ. וַיהֹוָהאדניאהדונהי אֱלֹהִים ילה אֱמֶת אהיה פ אהיה לֹא יָנוּם וְלֹא יִישָׁן.

Toda alma de cada ser viviente alabará Tu nombre, HaShem, nuestro Dios y el espíritu de toda carne glorificará siempre y exaltará Tu recuerdo, nuestro Rey. Desde este mundo hasta la eternidad, Tú eres Dios. Y aparte de Tí, no tenemos redentor y Rey salvador. Libertador, sustentador y misericordioso. En todas las épocas de dolor y angustia. No tenemos ningún otro rey que nos ayude y soporte mas que Tú. Dios de los primeros y de los últimos, Dios de todas las criaturas, Señor de todas las generaciones, Quien es exaltado a través de multitud de alabanzas, Quien guía a Su mundo con bondad y a Sus criaturas con misericordia. HaShem es el Dios de la verdad. Está despierto, ni dormita ni duerme.

הַמְעוֹרֵר יְשֵׁנִים וְהַמֵּקִיץ נִרְדָּמִים. מְחַיֵּה ס"ג מֵתִים.
וְרוֹפֵא חוֹלִים מ"ה יהוה. פּוֹקֵחַ עִוְרִים. וְזוֹקֵף כְּפוּפִים.
הַמֵּשִׂיחַ אִלְּמִים. וְהַמְפַעְנֵחַ נֶעֱלָמִים. וּלְךָ לְבַדְּךָ
אֲנַחְנוּ מוֹדִים מאה: וְאִלּוּ פִינוּ מָלֵא שִׁירָה כַּיָּם ילי.
וּלְשׁוֹנֵנוּ רִנָּה כַּהֲמוֹן גַּלָּיו. וְשִׂפְתוֹתֵינוּ שֶׁבַח
כְּמֶרְחֲבֵי רָקִיעַ. וְעֵינֵינוּ מְאִירוֹת כַּשֶּׁמֶשׁ וְכַיָּרֵחַ.
וְיָדֵינוּ פְרוּשׂוֹת כְּנִשְׁרֵי שָׁמַיִם י"פ טל. וְרַגְלֵינוּ קַלּוֹת
כָּאַיָּלוֹת. אֵין אֲנַחְנוּ מַסְפִּיקִין לְהוֹדוֹת לְךָ
יְהֹוָה אדני אהדונהי אֱלֹהֵינוּ ילה. וּלְבָרֵךְ אֶת שִׁמְךָ מַלְכֵּנוּ.
עַל אַחַת מֵאֶלֶף אַלְפֵי אֲלָפִים וְרוֹב רִבֵּי רְבָבוֹת
פְּעָמִים. הַטּוֹבוֹת נִסִּים וְנִפְלָאוֹת שֶׁעָשִׂיתָ עִמָּנוּ וְעִם
אֲבוֹתֵינוּ. מִלְּפָנִים מִמִּצְרַיִם מצר גְּאַלְתָּנוּ יְהֹוָה אדני אהדונהי
אֱלֹהֵינוּ ילה. מִבֵּית ב"פ ראה עֲבָדִים פְּדִיתָנוּ. בְּרָעָב
זַנְתָּנוּ. וּבְשָׂבָע כִּלְכַּלְתָּנוּ. מֵחֶרֶב הִצַּלְתָּנוּ.

Levanta a los que duermen y despierta a los que dormitan, resucita a los muertos, sana al enfermo, le da vista al los ciegos, yergue a los doblegados, y confiere voz a los mudos, descifra lo desconocido y sólo a Ti te agradecemos. Si nuestras bocas cantaran como el mar, y nuestras lenguas cual olas cantaran gozosas, y nuestros labios estuviesen llenas de alabanza como la extensión del cielo, y nuestros ojos tan brillantes como el sol y la luna, y nuestras manos extendidas cual águilas del cielo y nuestros pies fueran ágiles cual ciervos. Todo eso no bastaría para agradecerte, HaShem, nuestro Dios, y bendecir Tu nombre, nuestro Rey. Por uno de los miles, miles de miles, y miríada de veces que Tú nos has otorgado favores, milagros y maravillas que Tú hiciste por nosotros y por nuestros padres.Primero nos redimiste de Egipto, HaShem, nuestro Dios, y nos liberaste de la casa de la servidumbre. En la carencia Tú nos alimentaste, y en la plenitud Tú nos sostuviste. De la espada Tú nos salvaste.

מִדֶּבֶר מִלַּטְתָּנוּ. וּמֵחֳלָאִים רָעִים וְרַבִּים דִּלִּיתָנוּ:
עַד הֵנָּה עֲזָרוּנוּ רַחֲמֶיךָ וְלֹא עֲזָבוּנוּ חֲסָדֶיךָ. עַל
כֵּן אֵבָרִים שֶׁפִּלַּגְתָּ בָּנוּ. וְרוּחַ וּנְשָׁמָה שֶׁנָּפַחְתָּ
בְּאַפֵּינוּ. וְלָשׁוֹן אֲשֶׁר שַׂמְתָּ בְּפִינוּ. הֵן הֵם, יוֹדוּ
וִיבָרְכוּ. וִישַׁבְּחוּ. וִיפָאֲרוּ. אֶת שִׁמְךָ מַלְכֵּנוּ
תָּמִיד ע"ה נתה. כִּי כָל ילי פֶּה ע"ה מום לְךָ יוֹדֶה. וְכָל
לָשׁוֹן לְךָ תְשַׁבֵּחַ. וְכָל עַיִן מ"ה בריבוע לְךָ תְצַפֶּה.
וְכָל בֶּרֶךְ לְךָ תִכְרַע. וְכָל קוֹמָה לְפָנֶיךָ סמ"ב
תִשְׁתַּחֲוֶה. וְהַלְּבָבוֹת יִירָאוּךָ וְהַקֶּרֶב וְהַכְּלָיוֹת
יְזַמְּרוּ לִשְׁמֶךָ. כַּדָּבָר ראה שֶׁנֶּאֱמַר כָּל ילי עַצְמוֹתַי
תֹּאמַרְנָה יְהֹוָה אדני אהדונהי מִי ילי כָּמוֹךָ מַצִּיל עָנִי
מֵחָזָק פהל מִמֶּנּוּ וְעָנִי וְאֶבְיוֹן מִגֹּזְלוֹ: שַׁוְעַת עֲנִיִּים
אַתָּה תִשְׁמַע. צַעֲקַת הַדַּל תַּקְשִׁיב וְתוֹשִׁיעַ: וְכָתוּב
רַנְּנוּ צַדִּיקִים בַּיהֹוָה אדני אהדונהי לַיְשָׁרִים נָאוָה תְהִלָּה:

De la plaga nos dejaste escapar; y de las numerosas y severas enfermedades nos apartaste. Hasta ahora Tu misericordia nos ha ayudado, y Tu bondad no nos ha desamparado. Por eso, los órganos que Tú diferenciaste dentro de nosotros, espíritu y alma que Tú soplaste en nuestras nariz, y la lengua que Tú pusiste en nuestra boca, todos ellos te agradecen y bendicen, alaban y glorifican Tu Nombre, nuestro Rey, constantemente. Porque toda boca te agradecerá y toda lengua Te alabará, todo ojo Te mirará y toda rodilla se doblará ante Ti, Todo ser se postrará ante Ti; los corazones Te temerán y en nuestro ser más íntimo entonamos un canto a Tu Nombre, como se dijo: "Todos mis huesos dirán: 'HaShem, ¿quién es como Tú?' Tú libras al afligido del más fuerte; al pobre y desamparado del que lo despoja." El llanto de los pobres Tú oyes. Los gritos de los desamparados Tú escuchas y los salvas. Como está escrito: Cantad, justos de HaShem, los rectos son dignos de alabanza.

YITSJAK Y RIVKÁ

Yitsjak, hijo de Avraham el patriarca, oró exitosamente para que su esposa Rivká tuviera un bebé. La Cabalá nos enseña la lección de esta historia. Todos nosotros, especialmente en esta coyuntura, debemos rezar por otros que estén en necesidad financiera, de salud, personal o sustento emocional. La única manera en la que nuestras propias oraciones son contestadas es rezar por los demás con un sentimiento genuino.

R I V K Á

Y I T S J A K

בְּפִי יְשָׁרִים תִּתְרוֹמָם:

De la boca de los rectos serás exaltado.

וּבְשִׂפְתֵי צַדִּיקִים תִּתְבָּרַךְ:

Y por los labios de los justos serás bendecido.

וּבִלְשׁוֹן חֲסִידִים תִּתְקַדָּשׁ:

Y por la lengua de los piadosos serás santificado.

וּבְקֶרֶב קְדוֹשִׁים תִּתְהַלָּל:

Y entre los santos serás loado.

BEMIKHALOT

Esta oración se refiere a nuestro mundo de Maljut; no sólo a su aspecto físico, sino a su verdadera esencia espiritual. Esta conexión a la cualidad espiritual de Maljut se refiere al concepto de mente sobre materia.[63]

בְּמִקְהֲלוֹת רִבְבוֹת עַמְּךָ בֵּית ב"פ ראה יִשְׂרָאֵל.

En las multitudes reunidas de Tu pueblo, la casa de Israel.

63. Contrariamente a la creencia popular, el mundo físico no es un obstáculo o bloqueo que evita que nos conectemos con el Creador. Más bien, la materia física es nuestro vehículo para hacer nuestra conexión. Llevamos a cabo esto a través del poder de mente sobre materia. Cada vez que logramos mente sobre materia, hacemos la conexión más alta posible con el Creador. No reaccionar a eventos externos es un nivel bajo de mente sobre materia que genera Luz en nuestras vidas diarias. Sin embargo, el propósito de no reaccionar a eventos externos es generar suficiente Luz para que eventualmente alcancemos un nivel espiritual donde podemos alcanzar *total* mente sobre materia. Por ejemplo, si podemos lograr la conciencia de no reaccionar a, digamos, un accidente de auto, nada pasará. Escaparíamos de daños físicos al trascender el mundo físico. La materia física fue creada no para que la usemos o para estar limitados por ella, sino para que aprendamos a controlarla. Una vez que alcancemos ese tipo estado no reactivo de la mente, nada físico influenciará nuestra vida, abriendo paso al concepto de inmortalidad.

שֶׁכֵּן חוֹבַת כָּל ילי הַיְצוּרִים לְפָנֶיךָ סמ"ב
יְהֹוָהאדניאהדונהי אֱלֹהֵינוּ ילה וֵאלֹהֵי לכב אֲבוֹתֵינוּ
לְהוֹדוֹת. לְהַלֵּל ללה. לְשַׁבֵּחַ. לְפָאֵר. לְרוֹמֵם.
לְהַדֵּר. וּלְנַצֵּחַ. עַל כָּל ילי דִּבְרֵי ראה שִׁירוֹת
וְתִשְׁבְּחוֹת דָּוִד בֶּן יִשַׁי עַבְדְּךָ פוי מְשִׁיחֶךָ:

Por el deber de todas las criaturas creadas ante Ti, HaShem, nuestro Dios y Dios de nuestros padres, agradecerte, loarte, alabarte, glorificarte, exaltarte, adorarte y dirigir todas las expresiones de los cantos y alabanzas de David, hijo de Yishaí, Tu siervo, Tu ungido.

YISHTABAJ

La primera palabra de esta conexión tiene el valor numérico de 72, ligándonos a los 72 Nombres de Dios.[64] La siguiente palabra tiene el valor numérico de 720, 10 veces el poder de los 72 Nombres.

Luego, recibimos el poder del Rey Shlomó a través de su nombre hebreo, que está codificado en este verso. El Rey Shlomó era conocido como Shlomó el Sabio debido a su tremendo conocimiento espiritual. Podemos capturar su energía de sabiduría en virtud de esta conexión. En la última sección de esta oración, también tenemos deletreado el nombre de Avraham. Cabalísticamente, Avraham denota el poder de compartir. Combinando el poder de Avraham (compartir) y del Rey Shlomó (sabiduría), aprendemos cómo compartir con sabiduría, no tontamente.[65]

S h l o m ó ←

וּבְכֵן יִשְׁתַּבַּח שִׁמְךָ לָעַד מַלְכֵּנוּ הָאֵל לאה
הַמֶּלֶךְ הַגָּדוֹל להח וְהַקָּדוֹשׁ בַּשָּׁמַיִם וּבָאָרֶץ:

Sea Tu nombre bendito por siempre, nuestro Rey, Dios, el gran y santo Rey, que está en los Cielos y en la tierra.

64. Los 72 Nombres de Dios es una fórmula que Moshé usó para realizar los milagros en Egipto. Esta fórmula estuvo oculta en el sagrado *Zóhar* por más de 2,000 años. Consiste de 72 grupos de secuencias de tres letras cifradas dentro de la historia de Éxodo en la Torá. Cada secuencia de tres letras nos da un poder particular para superar los numerosos rasgos negativos de la naturaleza humana, en la misma manera que Moshé usó esta tecnología espiritual para superar las leyes de la madre naturaleza.

65. Muchas personas comparten para satisfacer su propio ego. Mucha gente comparte demasiado y se agotan. Otros no comparten lo suficiente y por eso se desconectan de la Luz. Debemos aprender como balancear el dar y el recibir.

כִּי לְךָ נָאֶה יְהֹוָהאדניאהדונהי אֱלֹהֵינוּ ילה וֵאלֹהֵי לכב
אֲבוֹתֵינוּ לְעוֹלָם וָעֶד: 1) שִׁיר 2) וּשְׁבָחָה. 3) הַלֵּל
4) וְזִמְרָה. 5) עֹז 6) וּמֶמְשָׁלָה. 7) נֶצַח. 8) גְּדֻלָּה.
9) גְּבוּרָה ריו. 10) תְּהִלָּה. 11) וְתִפְאֶרֶת. 12) קְדֻשָּׁה. 13)
וּמַלְכוּת. בְּרָכוֹת וְהוֹדָאוֹת לְשִׁמְךָ הַגָּדוֹל להח
וְהַקָּדוֹשׁ. וּמֵעוֹלָם וְעַד עוֹלָם אַתָּה אֵל. בָּרוּךְ
אַתָּה יְהֹוָהאדניאהדונהי מֶלֶךְ גָּדוֹל להח וּמְהֻלָּל
בַּתִּשְׁבָּחוֹת. אֵל הַהוֹדָאוֹת.

Porque Tú eres digno, HaShem nuestro Dios y el Dios de nuestros padres, por siempre: 1) canto 2) y alabanza 3) exultación 4) y melodía 5) poder 6) y dominio 7) eternidad 8) grandeza 9) valor 10) elogio 11) y gloria 12) santidad 13) y soberanía. Bendiciones y agradecimiento a Tu grande y santo Nombre. Y desde este mundo hasta el mundo por venir, Tú eres Dios Bendito eres Tú, HaShem, Rey grandioso, y loado con alabanzas. Dios de los agradecimientos.

A אֲדוֹן אני הַנִּפְלָאוֹת.

V בּוֹרֵא כָּל ילי הַנְּשָׁמוֹת.

RA רִבּוֹן כָּל ילי

HA הַמַּעֲשִׂים. הַבּוֹחֵר בְּשִׁירֵי זִמְרָה.

M מֶלֶךְ אֵל חֵי הָעוֹלָמִים: אָמֵן:

Señor de las maravillas. Creador de las almas. Señor de todas las proezas. Que escoges cantos melodiosos. El Rey, Dios que le dio vida a todo el universo. Amén.

LESHEM YIJUD-PREPARACIÓN PARA LA CUARTA COPA DE VINO

Leshem Yijud nos prepara para la intensa cantidad de energía que obtendremos al tomar el vino.

לְשֵׁם יִחוּד קוּדְשָׁא בְּרִיךְ הוּא וּשְׁכִינְתֵּיהּ בִּדְחִילוּ
וּרְחִימוּ וּרְחִימוּ וּדְחִילוּ לְיַחֲדָא שֵׁם יוּד קֵי בְּוָאו
קֵי בְּיִחוּדָא שְׁלִים יהוה בְּשֵׁם כָּל ילי יִשְׂרָאֵל, הִנְנִי
מוּכָן וּמְזוּמָּן לְקַיֵּים מִצְוַת כּוֹס מום רְבִיעִי שֶׁל
אַרְבַּע כּוֹסוֹת, וִיהִי נֹעַם אֲדֹנָי אֱלֹהֵינוּ ילה עָלֵינוּ
וּמַעֲשֵׂה יָדֵינוּ כּוֹנְנָה עָלֵינוּ וּמַעֲשֵׂה יָדֵינוּ כּוֹנְנֵהוּ:

Para la unificación del Santísimo, bendito sea Él y su Shejiná, con temor y misericordia y con misericordia y temor, para unificar el Nombre Yud Kei con Vav Kei en perfecta unidad, y en el nombre de todo Israel, estoy listo y deseoso de cumplir con el precepto de la Cuarta Copa de las Cuatro, y que el agrado de HaShem, nuestro Dios, esté sobre nosotros, y establezca la acción de nuestras manos sobre nosotros y establezca la acción de nuestras manos.

LA CUARTA COPA DE VINO-ASIYÁ

Se sirven cuatro copas de vino durante el transcurso del Séder. Estas cuatro copas representan y nos conectan con el nombre de Dios de cuatro letras-el Tetragramatón[66]- y con los cuatro Mundos Superiores en nuestra atmósfera espiritual. Los nombres de estos mundos son Atsilut, Briá, Yetsirá y Asiyá.

בָּרוּךְ אַתָּה יְהֹוָהאדניאהדונהי אֱלֹהֵינוּ ילה מֶלֶךְ הָעוֹלָם
בּוֹרֵא פְּרִי הַגָּפֶן:

Bendito eres Tú, HaShem, nuestro Dios, Rey del universo, Quien crea el fruto de la vid.

Bebemos el vino inclinados hacia la izquierda y recitamos la bendición final.

LA ÚLTIMA BENDICIÓN

Esta bendición eleva las chispas de alma que residen en el vino. Toda la comida y bebida que llega a nuestra mesa en una festividad tiene un propósito definido. Hay una chispa de alma residiendo en ella que requiere la elevación a los Mundos Superiores. Bendiciendo la comida y comiéndola, elevamos la chispa. La comida que recibimos no es nunca por coincidencia.[67]

66. El Tetragramatón es una combinación poderosa de letras hebreas que literalmente transmite las fuerzas espirituales del Mundo Superior a nuestra existencia física. Las cuatro letras del Tetragramatón son יהוה.

67. La Luz tiene infinito poder para computar la corrección personal de cada uno, basado en todas las vidas anteriores y su particular conexión a cada átomo de materia

בָּרוּךְ אַתָּה יְהֹוָהאדניאהדונהי אֱלֹהֵינוּ ילה מֶלֶךְ הָעוֹלָם
עַל הַגֶּפֶן וְעַל פְּרִי הַגֶּפֶן וְעַל תְּנוּבַת הַשָּׂדֶה וְעַל
אֶרֶץ חֶמְדָּה זן טוֹבָה אכא וּרְחָבָה שֶׁרָצִיתָ וְהִנְחַלְתָּ
לַאֲבוֹתֵינוּ לֶאֱכֹל מִפִּרְיָהּ וְלִשְׂבּוֹעַ מִטּוּבָהּ.
רַחֵם אברהם יְהֹוָהאדניאהדונהי אֱלֹהֵינוּ ילה עָלֵינוּ וְעַל
יִשְׂרָאֵל עַמֶּךָ וְעַל יְרוּשָׁלַיִם עִירֶךָ וְעַל הַר צִיּוֹן יוסף
מִשְׁכַּן כְּבוֹדֶךָ לכב. וְעַל מִזְבְּחֶךָ. וְעַל הֵיכָלֶךָ.
וּבְנֵה יְרוּשָׁלַיִם עִיר מטטרון, סנדלפון, ערי הַקֹּדֶשׁ בִּמְהֵרָה
בְיָמֵינוּ. וְהַעֲלֵנוּ לְתוֹכָהּ. וְשַׂמְּחֵנוּ בְּבִנְיָנָהּ.
וּנְבָרֶכְךָ עָלֶיהָ פהל בִּקְדוּשָּׁה וּבְטָהֳרָה.

Bendito eres Tú, HaShem, nuestro Dios, Rey del universo, por la vid y por el fruto de la vid, por el producto de los campos, y por la tierra deseable, buena y amplia que concediste a nuestros antepasados para que la heredaran, y para que comieran de sus frutos y se satisfacieran de su bondad. Ten misericordia, HaShem, nuestro Dios, de nosotros y de Israel, Tu pueblo; de Jerusalem, Tu ciudad; del monte Tsión, morada de Tu gloria; Tu altar y Tu templo. Reconstruye Jerusalem, la ciudad santa, pronto y en vida nuestra. Condúcenos allí, para que gocemos de su restablecimiento, para que Te alabemos allí en santidad y pureza.

En Shabat

וּרְצֵה וְהַחֲלִיצֵנוּ בְּיוֹם נגד, זן הַשַּׁבָּת הַזֶּה והו.

Favorécenos y fortalécenos en este Shabat

וְשַׂמְּחֵנוּ בְּיוֹם נגד, זן חַג הַמַּצּוֹת הַזֶּה והו. בְּיוֹם נגד, זן
טוֹב והו מִקְרָא קֹדֶשׁ הַזֶּה והו.

Haz que nos alegremos en este día de fiesta de las Matzot, en este día sagrado de fiesta.

con que entra en contacto. Aunque estemos o no informados, todo en nuestra vida tiene un profundo significado espiritual

כִּי אַתָּה טוֹב יהו וּמֵטִיב לַכֹּל יה אדני. וְנוֹדֶה לְּךָ

יְהֹוָ֘אדנהיאהדונהי אֱלֹהֵינוּ ילה עַל הָאָרֶץ וְעַל פְּרִי הַגָּפֶן,

בָּרוּךְ אַתָּה יְהֹוָ֘אדנהיאהדונהי עַל הָאָרֶץ

Porque Tú eres bueno; y benévolo para con todos; Te damos las gracias, HaShem, nuestro Dios, por la tierra y por el fruto de la vid. Bendito seas, HaShem, por la tierra

וְעַל פְּרִי הַגָּפֶן.

y por el fruto de la vid.

Si el vino usado para la bendición fue hecho en Israel, decimos

פְּרִי גַּפְנָהּ:

Del fruto de ella

Decimoquinto Paso: Nirtsá

נִרְצָה

A través de las acciones de *Nirtsá*, estamos asegurando que todos nuestros esfuerzos y peticiones hechas sean aceptados en el Mundo Superior. Usamos el poder de la certeza para garantizar que tenemos el poder de salir de "Egipto" (caos). Estamos inyectando certeza en el proceso y en el resultado. Queremos que cada persona alrededor del mundo que está tomando parte en el Séder de Pésaj tenga también éxito completo en su tarea.

Antes de recitar *Nirtsá*, debemos remover cualquier incertidumbre o duda de nuestra conciencia.

חֲסַל סִדּוּר פֶּסַח כְּהִלְכָתוֹ כְּכָל מִשְׁפָּטוֹ וְחֻקָּתוֹ.

כַּאֲשֶׁר זָכִינוּ לְסַדֵּר אוֹתוֹ. כֵּן נִזְכֶּה לַעֲשׂוֹתוֹ. זָךְ זין

שׁוֹכֵן מְעוֹנָה. קוֹמֵם קְהַל עֲדַת מִי ילי מָנָה פוי.

בְּקָרוֹב נַהֵל נִטְעֵי כַנָּה. פְּדוּיִם לְצִיּוֹן יוסף בְּרִנָּה:

El Séder termina ahora, de acuerdo con las leyes, con todas las ordenanzas y preceptos. Como fuimos agraciados para arreglarlo, así tengamos el mérito de realizarlo. Oh, Dios puro, que resides en las alturas, levanta Tu congregación innumerable; lleva pronto los retoños de Tu tronco, redimidos a Tsión con un canto sonoro.

LESHANÁ

Cantamos *el próximo año en Jerusalem* porque podemos traer genuinamente la era de Mesías, inmortalidad, la resurrección de los muertos y el Templo Sagrado en Jerusalem si sólo mantenemos la conciencia de Pésaj. Una idea lo suficientemente simple, pero que requiere una fuerza de voluntad y un poder espiritual extraordinarios.

El problema se complica aún más por nuestra corta memoria. Tendemos a olvidar el sentimiento e intensidad de energía que alcanzamos tan pronto como volvemos al mundo "real". Es tentador sucumbir a la ilusión del caos y presión que nos confronta en la vida diaria. En el momento en que reaccionamos a ellos, estamos permitiendo que las dudas entren. Entonces el juego se termina. Si queremos realmente ver el amanecer de un nuevo día, debemos creer en la libertad que hemos alcanzado esta noche. Debemos tener certeza cuando la primera prueba aparece. Y, lo más importante, cada día del año debemos recordar Pésaj. Un momento diario de recuerdo, nos asegurará libertad permanente del caos.

לְשָׁנָה הַבָּאָה בִּירוּשָׁלַיִם הַבְּנוּיָה: ג"פ

El año que viene en Jerusalem reconstruida.

(Repetimos esto tres veces)

Para manifestar todo el poder de Pésaj participamos en cantos. Estas canciones están estructuradas de acuerdo a las 22 letras del alfabeto hebreo.

UVJÉN

Esto nos conecta al punto real a medianoche cuando el caos fue eliminado de la vida de los israelitas hace unos 3400 años.

וּבְכֵן ע"ב וַיְהִי בַּחֲצִי הַלַּיְלָה מלה:

Sucedió a medianoche.

אָז רוֹב נִסִּים הִפְלֵאתָ בַּלַּיְלָה מלה.

בְּרֹאשׁ אַשְׁמוּרֶת זֶה הַלַּיְלָה מלה.

גֵּר צֶדֶק נִצַּחְתּוֹ כְּנֶחֱלַק לוֹ לַיְלָה מלה.

וַיְהִי בַּחֲצִי הַלַּיְלָה מלה:

Entonces, Tú realizaste muchos milagros en esta noche. En la cabeza de los vigilantes de esta noche. Al converso justo (Avraham) Tú diste triunfo dividiendo por él la noche. Sucedió a medianoche.

דַּנְתָּ מֶלֶךְ גְּרָר בַּחֲלוֹם הַלַּיְלָה מלה.

הִפְחַדְתָּ אֲרַמִּי בְּאֶמֶשׁ לַיְלָה מלה.

וַיִּשְׂרָאֵל יָשַׂר לָאֵל וַיּוּכַל לוֹ לַיְלָה מלה.

וַיְהִי בַּחֲצִי הַלַּיְלָה מלה:

Juzgaste el rey de Grar (Avimélej) en un sueño esta noche. Espantaste al Arameo (Laván) en la pasada noche. E Israel (Yaacov) peleó con un ángel y lo venció en la noche. Sucedió a medianoche.

זֶרַע בְּכוֹרֵי פַּתְרוֹס מָחַצְתָּ בַּחֲצִי הַלַּיְלָה מלה.

חֵילָם לֹא מָצְאוּ בְּקוּמָם בַּלַּיְלָה מלה.

טִיסַת נְגִיד חֲרוֹשֶׁת סִלִּיתָ בְּכוֹכְבֵי לַיְלָה מלה.

וַיְהִי בַּחֲצִי הַלַּיְלָה מלה:

Los primogénitos de Egipto los aplastaste a medianoche. Sus huestes no encontraron levantándose en la noche. El ejército del príncipe de Jaróset lo barriste con las estrellas de la noche. Sucedió a medianoche.

יָעַץ מְחָרֵף לְנוֹפֵף אִוּוּי הוֹבַשְׁתָּ פְּגָרָיו בַּלַּיְלָה מלה.

כָּרַע בֵּל וּמַצָּבוֹ בְּאִישׁוֹן לַיְלָה מלה.

לְאִישׁ חֲמוּדוֹת נִגְלָה רָז חֲזוֹת לַיְלָה מלה.

וַיְהִי בַּחֲצִי הַלַּיְלָה מלה:

El blasfemador (Sanjeriv) planeó levantar su mano, pero Tú marchitaste su cuerpo en la noche. Bel fue derrocado con su pedestal, en la oscuridad de la noche. Al hombre de Tú agrado (Daniel) fue revelado el misterio de las visiones de la noche. Sucedió a medianoche.

מִשְׁתַּכֵּר בִּכְלֵי קֹדֶשׁ נֶהֱרַג בּוֹ בַּלַּיְלָה מלה.

נוֹשַׁע מִבּוֹר אֲרָיוֹת פּוֹתֵר בִּעֲתוּתֵי לַיְלָה מלה.

שִׂנְאָה נָטַר אֲגָגִי וְכָתַב סְפָרִים בַּלַּיְלָה מלה.

וַיְהִי בַּחֲצִי הַלַּיְלָה מלה:

Él (Belshatsar), quien festejó de las vasijas sagradas, fue muerto esa misma noche. De la guarida de los leones fue rescatado él (Daniel) quien interpretó los"terrores" de la noche. El Agaguita (Hamán) creó odio y escribió decretos en la noche. Sucedió a medianoche.

עוֹרַרְתָּ נִצְחֲךָ עָלָיו בְּנֶדֶד שְׁנַת לַיְלָה מלה.

פּוּרָה תִדְרוֹךְ לְשׁוֹמֵר מַה מ״ה מִלַּיְלָה מלה.

צָרַח כַּשּׁוֹמֵר וְשָׂח אָתָא בֹקֶר וְגַם לַיְלָה מלה.

וַיְהִי בַּחֲצִי הַלַּיְלָה מלה:

Tú comenzaste Tu triunfo sobre él, cuando Tú disturbaste (Ajashverosh) el sueño en la noche. Pisa la prensa de vino para ayudar a aquel que pregunte al guardián: "¿Qué es de la larga noche?" Él gritará como un guardián y dirá: "La mañana vendrá después de la noche." Sucedió a medianoche.

קָרֵב יוֹם נגד, זן אֲשֶׁר הוּא לֹא יוֹם נגד, זן וְלֹא לַיְלָה מלה.

רָם הוֹדַע כִּי לְךָ הַיּוֹם נגד, זן אַף לְךָ הַלַּיְלָה מלה.

שׁוֹמְרִים הַפְקֵד לְעִירְךָ כָּל יל׳ הַיּוֹם נגד, זן וְכָל הַלַּיְלָה מלה.

Apura el día (Mesías), que no es ni día ni noche. El más Alto, es sabido que es tuyo el día y también es tuya la noche. Cuidamos Tu ciudad todo el día y toda la noche.

תָּאִיר כְּאוֹר רז יוֹם נגד, זן חֶשְׁכַּת לַיְלָה מלה.
וַיְהִי בַּחֲצִי הַלַּיְלָה מלה:

Brilló como la luz del día la oscuridad de la noche. Sucedió a medianoche.

UVJÉN

Esta canción nos conecta con los sacrificios hechos en el templo hace 2,000 años. Debido a que no hay tiempo, espacio ni movimiento, esta canción trasciende estas limitaciones ilusorias y nos entrega la energía del templo en nuestras manos en estos momentos.

וּבְכֵן ע״ב וַאֲמַרְתֶּם זֶבַח פֶּסַח:

Y dirán: "Éste es el sacrificio de Pésaj".

אוֹמֶץ גְּבוּרוֹתֶיךָ הִפְלֵאתָ בַּפֶּסַח.
בְּרֹאשׁ כָּל ילי מוֹעֲדוֹת נִשֵּׂאתָ פֶּסַח.
גִּלִּיתָ לְאֶזְרָחִי חֲצוֹת לֵיל פֶּסַח.
וַאֲמַרְתֶּם זֶבַח פֶּסַח:

La fuerza de Tú poder haga milagros en Pésaj. Sobre todas las festividades Tú elevaste a Pésaj. Al Oriental (Avraham) Tú revelaste la futura medianoche de Pésaj. Y dirán: "Éste es el sacrificio de Pésaj."

דְּלָתָיו דָּפַקְתָּ כְּחוֹם הַיּוֹם נגד, זן בַּפֶּסַח.
הִסְעִיד נוֹצְצִים עֻגוֹת מַצּוֹת בַּפֶּסַח.
וְאֶל הַבָּקָר רָץ זֵכֶר לְשׁוֹר עֵרֶךְ פֶּסַח.
וַאֲמַרְתֶּם זֶבַח פֶּסַח:

A esta puerta Tú tocaste en el calor del día de Pésaj. Él sació a los ángeles con Matzá en Pésaj. Y corrió al rebaño, simbólico del buey sacrificial de Pésaj. Y dirán: "Éste es el sacrificio de Pésaj."

זוֹעֲמוּ סְדוֹמִים וְלֹהֲטוּ בָּאֵשׁ בַּפֶּסַח.

חֻלַּץ לוֹט מֵהֶם וּמַצּוֹת אָפָה בְּקֵץ מנק פֶּסַח.

טִאטֵאתָ אַדְמַת מוֹף וְנוֹף בְּעָבְרְךָ בַּפֶּסַח.

וַאֲמַרְתֶּם זֶבַח פֶּסַח:

Los Sodomitas provocaron (a Dios) y fueron devorados por fuego en Pésaj. Lot fue retirado de ellos y horneó Matzá en el momento de finalizar Pésaj. Tú barriste el suelo de Mof y Nof (en Egipto) cuando Tú pasaste por allí en Pésaj. Y dirán: "Éste es el sacrificio de Pésaj".

יָהּ רֹאשׁ כָּל יכ' אוֹן מָחַצְתָּ בְּלֵיל שִׁמּוּר פֶּסַח.

כַּבִּיר עַל בֵּן בְּכוֹר פָּסַחְתָּ בְּדַם פֶּסַח.

לְבִלְתִּי תֵּת מַשְׁחִית לָבֹא בִּפְתָחַי בַּפֶּסַח.

וַאֲמַרְתֶּם זֶבַח פֶּסַח:

Oh Dios, Tú destruiste cada primogénito de On (en Egipto) en la noche de vigilia de Pésaj. Pero Señor, Tú pasaste por alto a Tu propio primogénito por el mérito de la sangre de Pésaj. No permitir al Destructor entrar en mis puertas en Pésaj. Y dirán: "Éste es el sacrificio de Pésaj."

מְסֻגֶּרֶת סֻגָּרָה בְּעִתּוֹתֵי פֶּסַח.

נִשְׁמְדָה מִדְיָן בִּצְלִיל שְׂעוֹרֵי עֹמֶר פֶּסַח.

שׂוֹרְפוּ מִשְׁמַנֵּי פּוּל וְלוּד בִּיקַד יְקוֹד פֶּסַח.

וַאֲמַרְתֶּם זֶבַח פֶּסַח:

La sitiada (Yerijó) fue asediada en Pésaj. Midián fue destruida al sonido de la cebada del Ómer en Pésaj. Los nobles poderosos de Pul y Lud (Asiria) fueron consumidos en una gran conflagración en Pésaj. Y dirán: "Éste es el sacrificio de Pésaj."

עוֹד הַיּוֹם נגד, זן בְּנֹב לַעֲמוֹד עַד גָּעָה עוֹנַת פֶּסַח.

פַּס יַד כָּתְבָה לְקַעֲקֵעַ צוּל בַּפֶּסַח.

צָפֹה הַצָּפִית עָרוֹךְ הַשֻּׁלְחָן בַּפֶּסַח.

וַאֲמַרְתֶּם זֶבַח פֶּסַח:

El (Sanjeriv) habría estado de pie ese día en Nov, si no por la llegada de Pésaj. Una mano inscribió la destrucción de Tsul (Babilonia) en Pésaj. Como el reloj estaba puesto y la mesa real adornada en Pésaj. Y dirán: "Éste es el sacrificio de Pésaj."

קָהָל כִּנְּסָה הֲדַסָּה צוֹם לְשַׁלֵּשׁ בַּפֶּסַח.

רֹאשׁ מִבֵּית רָשָׁע מָחַצְתָּ בְּעֵץ חֲמִשִּׁים בַּפֶּסַח.

שְׁתֵּי אֵלֶּה רֶגַע תָּבִיא לְעוּצִית בַּפֶּסַח.

תָּעֹז יָדְךָ וְתָרוּם יְמִינְךָ כְּלֵיל הִתְקַדֵּשׁ חַג פֶּסַח.

וַאֲמַרְתֶּם זֶבַח פֶּסַח:

Hadasá (Esther) reunió una asamblea para un ayuno de tres días en Pésaj. Al líder del clan de la maldad (Hamán) Tú castigaste en la horca de 50 codos en Pésaj. Doblemente, traerás en un instante a Utsit (Edom) en Pésaj. Deja a Tu mano ser fuerte y Tu mano derecha exaltada, como en la noche cuando Tú consagraste la festividad de Pésaj. Y dirán: "Éste es el sacrificio de Pésaj."

QUI LO

Esta canción habla del reino de Dios, refiriéndose al concepto del rey y sus súbditos. El rey no puede ser rey sin súbditos y sin reino. Son los súbditos los que ayudan a definir al rey y darle algo sobre lo cual gobernar. Hay una dependencia mutua. Con Dios, sin embargo, no hay dependencia de nada. Por eso, todas las acciones de Dios son meramente por amor a nosotros. Él no nos necesita. Él no requiere que nosotros le demos realidad. Nadie puede destronarlo. Debemos apreciar esta relación y el amor infinito que Dios tiene por la humanidad. Ser un súbdito del rey en este tipo de situación es un raro privilegio, porque es una relación construida sobre lo más grande de todo amor: es incondicional.

כִּי לוֹ נָאֶה. כִּי לוֹ יָאֶה:

¡Para Él la alabanza, para Él la loa!

אַדִּיר הרי בִּמְלוּכָה. בָּחוּר כַּהֲלָכָה. גְּדוּדָיו יֹאמְרוּ לוֹ: לְךָ וּלְךָ. לְךָ כִּי לְךָ. לְךָ אַף לְךָ. לְךָ יְהֹוָה אדני יאהדונהי הַמַּמְלָכָה. כִּי לוֹ נָאֶה. כִּי לוֹ יָאֶה:

Poderoso en Su reinado, perfectamente distinguido, Sus regimientos de ángeles Le dirán: Tuyos y sólo Tuyos; Tuyos, todavía Tuyos; Tuyos, solamente Tuyos; Tuya HaShem, es la soberanía. ¡Para Él la alabanza, para Él la loa!

דָּגוּל בִּמְלוּכָה. הָדוּר כַּהֲלָכָה. וָתִיקָיו יֹאמְרוּ לוֹ: לְךָ וּלְךָ. לְךָ כִּי לְךָ. לְךָ אַף לְךָ. לְךָ יְהֹוָה אדני יאהדונהי הַמַּמְלָכָה. כִּי לוֹ נָאֶה. כִּי לוֹ יָאֶה:

Supremo en Su majestad, glorioso por Su derecho, Sus fieles le dicen: Tuyos y sólo Tuyos; Tuyos, todavía Tuyos; Tuyos, solamente Tuyos; Tuya HaShem, es la soberanía. ¡Para Él la alabanza, para Él la loa!

זַכַּאי בִּמְלוּכָה. חָסִין כַּהֲלָכָה. טַפְסְרָיו יֹאמְרוּ לוֹ: לְךָ וּלְךָ. לְךָ כִּי לְךָ. לְךָ אַף לְךָ. לְךָ יְהֹוָה אדני יאהדונהי הַמַּמְלָכָה. כִּי לוֹ נָאֶה. כִּי לוֹ יָאֶה:

Puro en su reinado, perfecto inmune, Sus ángeles Le dicen: Tuyos y sólo Tuyos; Tuyos, todavía Tuyos; Tuyos, solamente Tuyos; Tuya HaShem, es la soberanía. ¡Para Él la alabanza, para Él la loa!

יָחִיד בִּמְלוּכָה. כַּבִּיר כַּהֲלָכָה. לִמּוּדָיו יֹאמְרוּ לוֹ: לְךָ וּלְךָ. לְךָ כִּי לְךָ. לְךָ אַף לְךָ.

Único en su reino, Omnipotente por excelencia, Sus discípulos le dicen: Tuyos y sólo Tuyos; Tuyos, todavía Tuyos; Tuyos, solamente Tuyos;

לְךָ יְהֹוָה יאהדונהי הַמַּמְלָכָה. כִּי לוֹ נָאֶה. כִּי לוֹ יָאֶה:

Tuya HaShem, es la soberanía. ¡Para Él la alabanza, para Él la loa!

מֶלֶךְ בִּמְלוּכָה. נוֹרָא כַּהֲלָכָה. סְבִיבָיו יֹאמְרוּ
לוֹ: לְךָ וּלְךָ. לְךָ כִּי לְךָ. לְךָ אַף לְךָ. לְךָ
יְהֹוָה יאהדונהי הַמַּמְלָכָה. כִּי לוֹ נָאֶה. כִּי לוֹ יָאֶה:

Dominando en su reinado, perfectamente maravilloso, los que Lo rodean le dicen: Tuyos y sólo Tuyos; Tuyos, todavía Tuyos; Tuyos, solamente Tuyos; Tuya HaShem, es la soberanía. ¡Para Él la alabanza, para Él la loa!

עָנָיו בִּמְלוּכָה. פּוֹדֶה כַּהֲלָכָה. צַדִּיקָיו יֹאמְרוּ
לוֹ: לְךָ וּלְךָ. לְךָ כִּי לְךָ. לְךָ אַף לְךָ. לְךָ
יְהֹוָה יאהדונהי הַמַּמְלָכָה. כִּי לוֹ נָאֶה. כִּי לוֹ יָאֶה:

Humilde en su reinado, perfectamente redentor, Sus justos le dicen: Tuyos y sólo Tuyos; Tuyos, todavía Tuyos; Tuyos, solamente Tuyos; Tuya HaShem, es la soberanía. ¡Para Él la alabanza, para Él la loa!

קָדוֹשׁ בִּמְלוּכָה. רַחוּם כַּהֲלָכָה. שִׁנְאַנָּיו
יֹאמְרוּ לוֹ: לְךָ וּלְךָ. לְךָ כִּי לְךָ. לְךָ אַף לְךָ. לְךָ
יְהֹוָה יאהדונהי הַמַּמְלָכָה. כִּי לוֹ נָאֶה. כִּי לוֹ יָאֶה:

Santo en Su reinado, perfectamente clemente, Las tropas de ángeles Le dicen: Tuyos y sólo Tuyos; Tuyos, todavía Tuyos; Tuyos, solamente Tuyos; Tuya HaShem, es la soberanía. ¡Para Él la alabanza, para Él la loa!

תַּקִּיף בִּמְלוּכָה. תּוֹמֵךְ כַּהֲלָכָה. תְּמִימָיו יֹאמְרוּ
לוֹ: לְךָ וּלְךָ. לְךָ כִּי לְךָ. לְךָ אַף לְךָ. לְךָ
יְהֹוָה יאהדונהי הַמַּמְלָכָה. כִּי לוֹ נָאֶה. כִּי לוֹ יָאֶה:

Poderoso en su reinado, perfectamente amparador, Sus perfectos le dicen: Tuyos y sólo Tuyos; Tuyos, todavía Tuyos; Tuyos, solamente Tuyos; Tuya HaShem, es la soberanía. ¡Para Él la alabanza, para Él la loa!

ADIR

Esta canción nos conecta con la ausencia del templo físico. El Creador quiere darnos *todo* pero no puede porque nosotros no tenemos la vasija del templo para manifestarlo.[68] Debemos sentir el dolor y frustración de Dios al no poder impartir esta satisfacción a nosotros. Esto nos motivará a continuamente cambiar nuestra naturaleza. Cambiar nuestra naturaleza es como construimos nuestra propia vasija interna para recibir y así iluminar la Luz infinita de Dios.

אַדִּיר הרי הוּא יִבְנֶה בֵּיתוֹ ב"פ ראה בְּקָרוֹב. בִּמְהֵרָה
בִּמְהֵרָה בְּיָמֵינוּ בְּקָרוֹב. אֵל בְּנֵה. אֵל בְּנֵה. בְּנֵה
בֵּיתְךָ ב"פ ראה בְּקָרוֹב:

Poderoso es Él Edifique Su Templo pronto. Rápido, rápido, en nuestros días, pronto. Dios, edifícalo, Dios edifícalo, edifica Tu Hogar pronto.

בָּחוּר הוּא. גָּדוֹל הוּא. דָּגוּל הוּא. יִבְנֶה בֵּיתוֹ ב"פ
ראה בְּקָרוֹב. בִּמְהֵרָה בִּמְהֵרָה בְּיָמֵינוּ בְּקָרוֹב.
אֵל בְּנֵה. אֵל בְּנֵה. בְּנֵה בֵּיתְךָ ב"פ ראה בְּקָרוֹב:

Es ilustre, es grande, es elegido Edifique Su Templo pronto, Rápido, rápido, en nuestros días, pronto. Dios, edifícalo, Dios edifícalo, edifica Tu Hogar pronto.

הָדוּר הוּא. וָתִיק הוּא. זַכַּאי הוּא. חָסִיד הוּא.
יִבְנֶה בֵּיתוֹ ב"פ ראה בְּקָרוֹב. בִּמְהֵרָה בִּמְהֵרָה
בְּיָמֵינוּ בְּקָרוֹב. אֵל בְּנֵה. אֵל בְּנֵה. בְּנֵה בֵּיתְךָ ב"פ
ראה בְּקָרוֹב:

Es resplandeciente. Es fiel. Es santo. Es recto. Edifique Su Templo pronto, Rápido, rápido, en nuestros días, pronto. Dios, edifica, Dios, edifica, edifica Tu Hogar pronto.

68. Si contemplamos una foto de la tierra desde el espacio nos revelará un profundo principio Cabalístico relativo al secreto para generar Luz espiritual. La tierra se ilumina como una joya azul brillante mientras que el espacio a su alrededor se mantiene negro. La razón es que no hay Vasija, no hay objeto físico alrededor de la tierra que refleje la luz. La luz del sol llena el vacío de espacio, pero se mantiene oculta sin una Vasija que la haga brillar. En el momento que una Vasija refleja la luz, se da una iluminación. De igual manera, El Creador requiere una Vasija para "reflejar" Su energía de manera de generar la Luz de satisfacción. El templo era la Vasija más poderosa del planeta para generar Luz espiritual.

טָהוֹר י"פ אכא **הוּא. יָחִיד הוּא. כַּבִּיר הוּא. לָמוּד**
הוּא. מֶלֶךְ הוּא. יִבְנֶה בֵיתוֹ כ"פ ראה **בְּקָרוֹב.**
בִּמְהֵרָה בִּמְהֵרָה בְּיָמֵינוּ בְּקָרוֹב. אֵל בְּנֵה. אֵל
בְּנֵה. בְּנֵה בֵיתְךָ כ"פ ראה **בְּקָרוֹב:**

Es puro. Es único. Es poderoso. Es sabio. Es Rey. Edifique Su Templo pronto, Rápido, rápido, en nuestros días, pronto. Dios, edifícalo, Dios edifícalo, edifica Tu Hogar pronto.

נוֹרָא הוּא. שַׂגִּיב הוּא. עִזּוּז הוּא. פּוֹדֶה הוּא.
צַדִּיק הוּא. יִבְנֶה בֵיתוֹ כ"פ ראה **בְּקָרוֹב. בִּמְהֵרָה**
בִּמְהֵרָה בְּיָמֵינוּ בְּקָרוֹב. אֵל בְּנֵה. אֵל בְּנֵה. בְּנֵה
בֵיתְךָ כ"פ ראה **בְּקָרוֹב:**

Es imponente. Es sublime. Es poderoso. Es redentor. Es justo. Edifique Su Templo pronto, Rápido, rápido, en nuestros días, pronto. Dios, edifícalo, Dios edifícalo, edifica Tu Hogar pronto.

קָדוֹשׁ הוּא. רַחוּם הוּא. שַׁדַּי הוּא. תַּקִּיף הוּא.
יִבְנֶה בֵיתוֹ כ"פ ראה **בְּקָרוֹב. בִּמְהֵרָה בִּמְהֵרָה**
בְּיָמֵינוּ בְּקָרוֹב. אֵל בְּנֵה. אֵל בְּנֵה. בְּנֵה בֵיתְךָ כ"פ
ראה **בְּקָרוֹב:**

Es santo. Es misericordioso. Es el Todopoderoso. Es omnipotente. Edifique Su Templo pronto, Rápido, rápido, en nuestros días, pronto. Dios, edifícalo, Dios, edifícalo, edifica Tu Hogar pronto.

EJAD MI YODEA

Esta canción nos lleva a un viaje a través de los números del uno al trece. En la canción literal, a cada número le es dado su propio significado. Pero el número trece tiene un significado más profundo. Trece es una referencia directa a los trece atributos de Dios.[69]

אֶחָד אהבה מִי ילי יוֹדֵעַ.

אֶחָד אהבה אֲנִי אני יוֹדֵעַ. אֶחָד אהבה אֱלֹהֵינוּ ילה שֶׁבַּשָּׁמַיִם י"פ טל וּבָאָרֶץ:

¿Uno, quién sabe? Uno, yo lo sé. Uno es nuestro Dios, en el cielo y en la tierra.

שְׁנַיִם מִי ילי יוֹדֵעַ.

שְׁנַיִם אֲנִי אני יוֹדֵעַ שְׁנֵי לוּחוֹת הַבְּרִית. אֶחָד אהבה אֱלֹהֵינוּ ילה שֶׁבַּשָּׁמַיִם י"פ טל וּבָאָרֶץ:

¿Dos, quién sabe? Dos, yo lo sé. Dos son las Tablas del Pacto; uno es nuestro Dios, en el cielo y en la tierra.

שְׁלשָׁה מִי ילי יוֹדֵעַ.

שְׁלשָׁה אֲנִי אני יוֹדֵעַ. שְׁלשָׁה אָבוֹת. שְׁנֵי לוּחוֹת הַבְּרִית. אֶחָד אהבה אֱלֹהֵינוּ ילה שֶׁבַּשָּׁמַיִם י"פ טל וּבָאָרֶץ:

¿Tres, quién sabe? Tres, yo lo sé. Tres son los Patriarcas; dos son las Tablas del Pacto; uno es nuestro Dios, en el cielo y en la tierra.

אַרְבַּע מִי ילי יוֹדֵעַ.

¿Cuatro, quién sabe?

69. Los 13 atributos son 13 virtudes o propiedades que reflejan 13 aspectos de nuestra relación con El Creador. Estos 13 Atributos son la forma en la cual interactuamos con Dios en nuestras vidas diarias, lo sepamos o no. Ellos trabajan como un espejo. Cuando nos miramos en el espejo y sonreímos, la imagen nos sonríe. Cuando nos miramos en el espejo y maldecimos, la imagen nos maldice. Si realizamos una acción negativa en nuestro mundo, el espejo nos refleja energía negativa. Hay 13 Atributos que tienen esas propiedades de reflexión dentro de nosotros. Si intentamos transformar nuestra naturaleza reactiva a proactiva, esto nos realimenta, guía y nos corrige. El número 13 también representa uno más allá de los 12 signos del zodíaco. Los 12 signos controlan nuestra naturaleza instintiva y reactiva. El número 13 nos da el control sobre los 12 signos, lo cual, en esencia, nos da el control de nuestro comportamiento.

אַרְבַּע אֲנִי אני יוֹדֵעַ. אַרְבַּע אִמָּהוֹת. שְׁלֹשָׁה
אָבוֹת. שְׁנֵי לוּחוֹת הַבְּרִית. אֶחָד אהבה אֱלֹהֵינוּ
ילה שֶׁבַּשָּׁמַיִם י"פ טל וּבָאָרֶץ:

Cuatro, yo lo sé. Cuatro son las Matriarcas; tres son los Patriarcas; dos son las Tablas del Pacto; uno es nuestro Dios, en el cielo y en la tierra.

וַחֲמִשָּׁה מִי ילי יוֹדֵעַ.

וַחֲמִשָּׁה אֲנִי אני יוֹדֵעַ. וַחֲמִשָּׁה חוּמְשֵׁי תוֹרָה.
אַרְבַּע אִמָּהוֹת. שְׁלֹשָׁה אָבוֹת. שְׁנֵי לוּחוֹת
הַבְּרִית. אֶחָד אהבה אֱלֹהֵינוּ ילה שֶׁבַּשָּׁמַיִם י"פ טל
וּבָאָרֶץ:

¿Cinco, quién sabe? Cinco, yo lo sé. Cinco son los Libros de la Torá; cuatro son las Matriarcas; tres son los Patriarcas; dos son las Tablas del Pacto; uno es nuestro Dios, en el cielo y en la tierra.

שִׁשָּׁה מִי ילי יוֹדֵעַ.

שִׁשָּׁה אֲנִי אני יוֹדֵעַ. שִׁשָּׁה סִדְרֵי מִשְׁנָה. וַחֲמִשָּׁה
חוּמְשֵׁי תוֹרָה. אַרְבַּע אִמָּהוֹת. שְׁלֹשָׁה אָבוֹת.
שְׁנֵי לוּחוֹת הַבְּרִית. אֶחָד אהבה אֱלֹהֵינוּ ילה
שֶׁבַּשָּׁמַיִם י"פ טל וּבָאָרֶץ:

¿Seis, quién sabe? Seis, yo lo sé. Seis son las secciones de la Mishná; cinco son los Libros de la Torá; cuatro son las Matriarcas; tres son los Patriarcas; dos son las Tablas del Pacto; uno es nuestro Dios, en el cielo y en la tierra.

שִׁבְעָה מִי ילי יוֹדֵעַ.

שִׁבְעָה אֲנִי אני יוֹדֵעַ.

¿Siete, quién sabe? Siete, yo lo sé.

שִׁבְעָה יְמֵי שַׁבַּתָּא. שִׁשָּׁה סִדְרֵי מִשְׁנָה. חֲמִשָּׁה
חוּמְשֵׁי תוֹרָה. אַרְבַּע אִמָּהוֹת. שְׁלֹשָׁה אָבוֹת.
שְׁנֵי לֻחוֹת הַבְּרִית. אֶחָד אהבה אֱלֹהֵינוּ ילה
שֶׁבַּשָּׁמַיִם י״פ טל וּבָאָרֶץ:

Siete son los días de la semana; seis son las secciones de la Mishná; cinco son los Libros de la Torá; cuatro son las Matriarcas; tres son los Patriarcas; dos son las Tablas del Pacto; uno es nuestro Dios, en el cielo y en la tierra.

שְׁמוֹנָה מִי ילי יוֹדֵעַ.

שְׁמוֹנָה אֲנִי אני יוֹדֵעַ. שְׁמוֹנָה יְמֵי מִילָה. שִׁבְעָה
יְמֵי שַׁבַּתָּא. שִׁשָּׁה סִדְרֵי מִשְׁנָה. חֲמִשָּׁה
חוּמְשֵׁי תוֹרָה. אַרְבַּע אִמָּהוֹת. שְׁלֹשָׁה אָבוֹת.
שְׁנֵי לֻחוֹת הַבְּרִית. אֶחָד אהבה אֱלֹהֵינוּ ילה
שֶׁבַּשָּׁמַיִם י״פ טל וּבָאָרֶץ:

¿Ocho, quién sabe? Ocho, yo lo sé. Ocho son los días del pacto de la circuncisión; siete son los días de la semana; seis son las secciones de la Mishná; cinco son los Libros de la Torá; cuatro son las Matriarcas; tres son los Patriarcas; dos son las Tablas del Pacto; uno es nuestro Dios, en el cielo y en la tierra.

תִּשְׁעָה מִי ילי יוֹדֵעַ.

תִּשְׁעָה אֲנִי אני יוֹדֵעַ. תִּשְׁעָה יַרְחֵי לֵידָה.
שְׁמוֹנָה יְמֵי מִילָה. שִׁבְעָה יְמֵי שַׁבַּתָּא. שִׁשָּׁה
סִדְרֵי מִשְׁנָה. חֲמִשָּׁה חוּמְשֵׁי תוֹרָה. אַרְבַּע
אִמָּהוֹת. שְׁלֹשָׁה אָבוֹת. שְׁנֵי לֻחוֹת הַבְּרִית.

¿Nueve, quién sabe? Nueve, yo lo sé. Nueve son los meses para el embarazo; ocho son los días del pacto de la circuncisión; siete son los días de la semana; seis son las secciones de la Mishná; cinco son los Libros de la Torá; cuatro son las Matriarcas; tres son los Patriarcas; dos son las Tablas del Pacto;

אֶחָד אהבה אֱלֹהֵינוּ ילה שֶׁבַּשָּׁמַיִם י״פ טל וּבָאָרֶץ:

uno es nuestro Dios, en el cielo y en la tierra.

עֲשָׂרָה מִי ילי יוֹדֵעַ.

עֲשָׂרָה אֲנִי אני יוֹדֵעַ. עֲשָׂרָה דִבְּרַיָּא. תִּשְׁעָה יַרְחֵי לֵידָה. שְׁמוֹנָה יְמֵי מִילָה. שִׁבְעָה יְמֵי שַׁבַּתָּא. שִׁשָּׁה סִדְרֵי מִשְׁנָה. חֲמִשָּׁה חוּמְשֵׁי תוֹרָה. אַרְבַּע אִמָּהוֹת. שְׁלֹשָׁה אָבוֹת. שְׁנֵי לוּחוֹת הַבְּרִית. אֶחָד אהבה אֱלֹהֵינוּ ילה שֶׁבַּשָּׁמַיִם י״פ טל וּבָאָרֶץ:

¿Diez, quién sabe? Diez, yo lo sé. Diez son los Preceptos; nueve son los meses para el embarazo; ocho son los días del pacto de la circuncisión; siete son los días de la semana; seis son las secciones de la Mishná; cinco son los Libros de la Torá; cuatro son las Matriarcas; tres son los Patriarcas; dos son las Tablas del Pacto; uno es nuestro Dios, en el cielo y en la tierra.

אַחַד אהבה עָשָׂר מִי ילי יוֹדֵעַ.

אַחַד אהבה עָשָׂר אֲנִי אני יוֹדֵעַ. אַחַד אהבה עָשָׂר כּוֹכְבַיָּא. עֲשָׂרָה דִבְּרַיָּא. תִּשְׁעָה יַרְחֵי לֵידָה. שְׁמוֹנָה יְמֵי מִילָה. שִׁבְעָה יְמֵי שַׁבַּתָּא. שִׁשָּׁה סִדְרֵי מִשְׁנָה. חֲמִשָּׁה חוּמְשֵׁי תוֹרָה. אַרְבַּע אִמָּהוֹת. שְׁלֹשָׁה אָבוֹת. שְׁנֵי לוּחוֹת הַבְּרִית. אֶחָד אהבה אֱלֹהֵינוּ ילה שֶׁבַּשָּׁמַיִם י״פ טל וּבָאָרֶץ:

¿Once, quién sabe? Once, yo lo sé. Once son las estrellas; diez son los Preceptos; nueve son los meses para el embarazo; ocho son los días del pacto de la circuncisión; siete son los días de la semana; seis son las secciones de la Mishná; cinco son los Libros de la Torá; cuatro son las Matriarcas; tres son los Patriarcas; dos son las Tablas del Pacto; uno es nuestro Dios, en el cielo y en la tierra.

שְׁנֵים עָשָׂר מִי ילי יוֹדֵעַ.

שְׁנֵים עָשָׂר אֲנִי אני יוֹדֵעַ. שְׁנֵים עָשָׂר שִׁבְטַיָּא. אַחַד עָשָׂר כּוֹכְבַיָּא. עֲשָׂרָה דִבְּרַיָּא. תִּשְׁעָה יַרְחֵי לֵידָה. שְׁמוֹנָה יְמֵי מִילָה. שִׁבְעָה יְמֵי שַׁבַּתָּא. שִׁשָּׁה סִדְרֵי מִשְׁנָה. חֲמִשָּׁה חוּמְשֵׁי תוֹרָה. אַרְבַּע אִמָּהוֹת. שְׁלֹשָׁה אָבוֹת. שְׁנֵי לוּחוֹת הַבְּרִית. אֶחָד אהבה אֱלֹהֵינוּ ילה שֶׁבַּשָּׁמַיִם י״פ טל וּבָאָרֶץ:

¿Doce, quién sabe? Doce, yo lo sé. Doce son las tribus; once son las estrellas; diez son los Preceptos; nueve son los meses para el embarazo; ocho son los días del pacto de la circuncisión; siete son los días de la semana; seis son las secciones de la Mishná; cinco son los Libros de la Torá; cuatro son las Matriarcas; tres son los Patriarcas; dos son las Tablas del Pacto; uno es nuestro Dios, en el cielo y en la tierra.

שְׁלֹשָׁה עָשָׂר מִי ילי יוֹדֵעַ.

שְׁלֹשָׁה עָשָׂר אֲנִי אני יוֹדֵעַ. שְׁלֹשָׁה עָשָׂר מִדַּיָּא. שְׁנֵים עָשָׂר שִׁבְטַיָּא. אַחַד עָשָׂר כּוֹכְבַיָּא. עֲשָׂרָה דִבְּרַיָּא. תִּשְׁעָה יַרְחֵי לֵידָה. שְׁמוֹנָה יְמֵי מִילָה. שִׁבְעָה יְמֵי שַׁבַּתָּא. שִׁשָּׁה סִדְרֵי מִשְׁנָה. חֲמִשָּׁה חוּמְשֵׁי תוֹרָה. אַרְבַּע אִמָּהוֹת. שְׁלֹשָׁה אָבוֹת. שְׁנֵי לוּחוֹת הַבְּרִית.

¿Trece, quién sabe? Trece, yo lo sé. Trece son los atributos de Dios; doce son las tribus; once son las estrellas; diez son los Preceptos; nueve son los meses para el embarazo; ocho son los días del pacto de la circuncisión; siete son los días de la semana; seis son las secciones de la Mishná; cinco son los Libros de la Torá; cuatro son las Matriarcas; tres son los Patriarcas; dos son las Tablas del Pacto;

אֶחָד אהבה אֱלֹהֵינוּ ילה שֶׁבַּשָּׁמַיִם י״פ טל וּבָאָרֶץ:

Uno es nuestro Dios, en el cielo y en la tierra.

JAD GADIÁ

Esta canción es sobre un hombre que compra un cabrito por una pequeña cantidad de dinero. Interesantemente, esta canción no está en hebreo sino en arameo. El lenguaje arameo es una clave que los ángeles no pueden entender.[70] Es un lenguaje que va más allá de su comprensión. Debido a que el lado negativo de Satán también tiene ángeles que pueden influenciar y sabotear nuestras conexiones, empleamos el arameo cuando queremos pasar por encima de los ángeles. En esta canción, Dios mata al Ángel de la Muerte, dando paso a la inmortalidad. El poder de esta canción nos conecta a nosotros, Dios y la fuerza de la inmortalidad. Por eso, no queremos que ningún ángel negativo interfiera con ella. Esta canción también ayuda a liberar la energía de inmortalidad en nuestro mundo físico, donde puede manifestarse a través del trabajo de los científicos, doctores e investigadores médicos.[71]

Debemos enseñar a nuestros niños valores espirituales a través de ejemplos vividos, porque nuestros niños siempre crecen e imitan nuestra verdadera naturaleza espiritual. Las palabras solas nunca construirán un carácter y valores espirituales en nuestros seres queridos. Su desarrollo espiritual está directamente influenciado por nuestras acciones.

חַד גַּדְיָא, חַד גַּדְיָא. דִּזְבַן אַבָּא בִּתְרֵי זוּזֵי. חַד
גַּדְיָא, חַד גַּדְיָא. וְאָתָא שׁוּנְרָא, וְאָכְלָה לְגַדְיָא,
דִּזְבַן אַבָּא בִּתְרֵי זוּזֵי. חַד גַּדְיָא, חַד גַּדְיָא.

Un cabrito, un cabrito que compró mi padre por dos zuzim, un cabrito, un cabrito. Y entonces vino un gato y comió al cabrito que compró mi padre por dos zuzim, un cabrito, un cabrito.

וְאָתָא כַלְבָּא, וְנָשַׁךְ לְשׁוּנְרָא, דְּאָכְלָה לְגַדְיָא,
דִּזְבַן אַבָּא בִּתְרֵי זוּזֵי. חַד גַּדְיָא, חַד גַּדְיָא.

Y entonces vino un perro y mordió al gato que comió al cabrito que compró mi padre por dos zuzim, un cabrito, un cabrito.

70. Kol Nidré, que se recita en Yom Kipur, el *Zóhar*, la Cabalá y el Talmud están escritos en arameo. Los certificados de matrimonio de acuerdo a la Cabalá también están en arameo. Esto protege estas conexiones sagradas y documentos de cualquier influencia negativa.

71. En 1998, la firma biotécnica Geron anunció que era posible producir en el laboratorio células vástago humanas inmortales. Notablemente, se encontró que estas células vástago son inmortales.
Tom Okarma, el vicepresidente de investigación y desarrollo de Geron, dijo, "El descubrimiento del que estamos hablando es la derivación de células vástago embriónicas que son capaces de desarrollarse en todas las células y tejidos del cuerpo y son inmortales. Las células son inmortales. Ellas vivirán para siempre."

וְאָתָא חוּטְרָא, וְהִכָּה לְכַלְבָּא, דְּנָשַׁךְ לְשׁוּנְרָא, דְּאָכְלָה לְגַדְיָא, דְּזַבִּין אַבָּא בִּתְרֵי זוּזֵי. חַד גַּדְיָא, חַד גַּדְיָא.

Y entonces vino un palo y pegó al perro que mordió al gato que comió al cabrito que compró mi padre por dos zuzim, un cabrito, un cabrito.

וְאָתָא נוּרָא, וְשָׂרַף לְחוּטְרָא, דְּהִכָּה לְכַלְבָּא, דְּנָשַׁךְ לְשׁוּנְרָא, דְּאָכְלָה לְגַדְיָא, דְּזַבִּין אַבָּא בִּתְרֵי זוּזֵי. חַד גַּדְיָא, חַד גַּדְיָא.

Y entonces vino un fuego y quemó el palo que pegó al perro que mordió al gato que comió al cabrito que compró mi padre por dos zuzim, un cabrito, un cabrito.

וְאָתָא מַיָּא, וְכָבָה לְנוּרָא, דְּשָׂרַף לְחוּטְרָא, דְּהִכָּה לְכַלְבָּא, דְּנָשַׁךְ לְשׁוּנְרָא, דְּאָכְלָה גַּדְיָא, דְּזַבִּין אַבָּא בִּתְרֵי זוּזֵי. חַד גַּדְיָא, חַד גַּדְיָא.

Y entonces vino agua y apagó el fuego que quemó al palo que pegó al perro que mordió al gato que comió al cabrito que compró mi padre por dos zuzim, un cabrito, un cabrito.

וְאָתָא תוֹרָא, וְשָׁתָה לְמַיָּא, דְּכָבָה לְנוּרָא, דְּשָׂרַף לְחוּטְרָא, דְּהִכָּה לְכַלְבָּא, דְּנָשַׁךְ לְשׁוּנְרָא, דְּאָכְלָה לְגַדְיָא, דְּזַבִּין אַבָּא בִּתְרֵי זוּזֵי. חַד גַּדְיָא, חַד גַּדְיָא.

Y entonces vino un buey y tomó el agua que apagó el fuego que quemó al palo que pegó al perro que mordió al gato que comió al cabrito que compró mi padre por dos zuzim, un cabrito, un cabrito.

וְאָתָא הַשּׁוֹחֵט, וְשָׁחַט לְתוֹרָא, דְּשָׁתָה לְמַיָּא, דְּכָבָה לְנוּרָא,

Y entonces vino un matarife y mató al buey que tomó el agua que apagó el fuego

דְּשָׂרַף לְחוּטְרָא, דְּהִכָּה לְכַלְבָּא, דְּנָשַׁךְ לְשׁוּנְרָא,
דְּאָכְלָה לְגַדְיָא, דְּזַבִּין אַבָּא בִּתְרֵי זוּזֵי. חַד גַּדְיָא,
חַד גַּדְיָא.

que quemó al palo que pegó al perro que mordió al gato que comió al cabrito que compró mi padre por dos zuzim, un cabrito, un cabrito.

וְאָתָא מַלְאַךְ הַמָּוֶת, וְשָׁחַט לְשׁוֹחֵט, דְּשָׁחַט
לְתוֹרָא, דְּשָׁתָה לְמַיָּא, דְּכָבָה לְנוּרָא, דְּשָׂרַף
לְחוּטְרָא, דְּהִכָּה לְכַלְבָּא, דְּנָשַׁךְ לְשׁוּנְרָא,
דְּאָכְלָה לְגַדְיָא, דְּזַבִּין אַבָּא בִּתְרֵי זוּזֵי. חַד גַּדְיָא,
חַד גַּדְיָא.

Y entonces vino el ángel de la muerte y mató al matarife que mató al buey que tomó el agua que apagó el fuego que quemó al palo que pegó al perro que mordió al gato que comió al cabrito que compró mi padre por dos zuzim, un cabrito, un cabrito.

וְאָתָא הַקָּדוֹשׁ בָּרוּךְ הוּא, וְשָׁחַט לְמַלְאַךְ הַמָּוֶת
דְּשָׁחַט לְשׁוֹחֵט, דְּשָׁחַט לְתוֹרָא, דְּשָׁתָה לְמַיָּא,
דְּכָבָה לְנוּרָא, דְּשָׂרַף לְחוּטְרָא, דְּהִכָּה לְכַלְבָּא,
דְּנָשַׁךְ לְשׁוּנְרָא, דְּאָכְלָה לְגַדְיָא, דְּזַבִּין אַבָּא
בִּתְרֵי זוּזֵי. חַד גַּדְיָא, חַד גַּדְיָא.

Y entonces vino el Santísimo,bendito es Él, y mató al ángel de la muerte que mató al matarife que mató al buey que tomó el agua que apagó el fuego que quemó al palo que pegó al perro que mordió al gato que comió al cabrito que compró mi padre por dos zuzim, un cabrito, un cabrito.

El Triángulo Superior

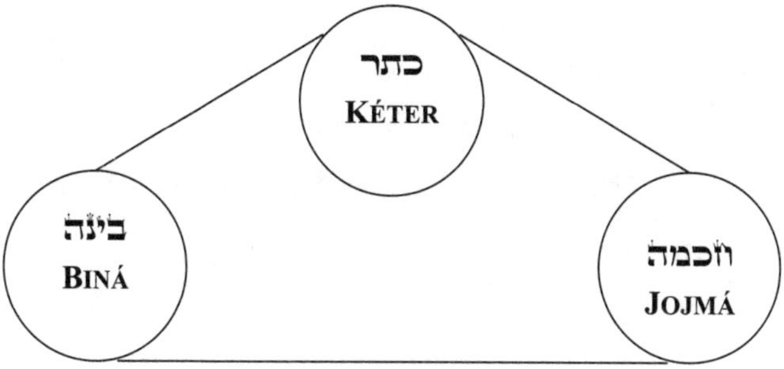

Las Siete Sefirot

ZEIR ANPÍN (6) + Maljut (1)

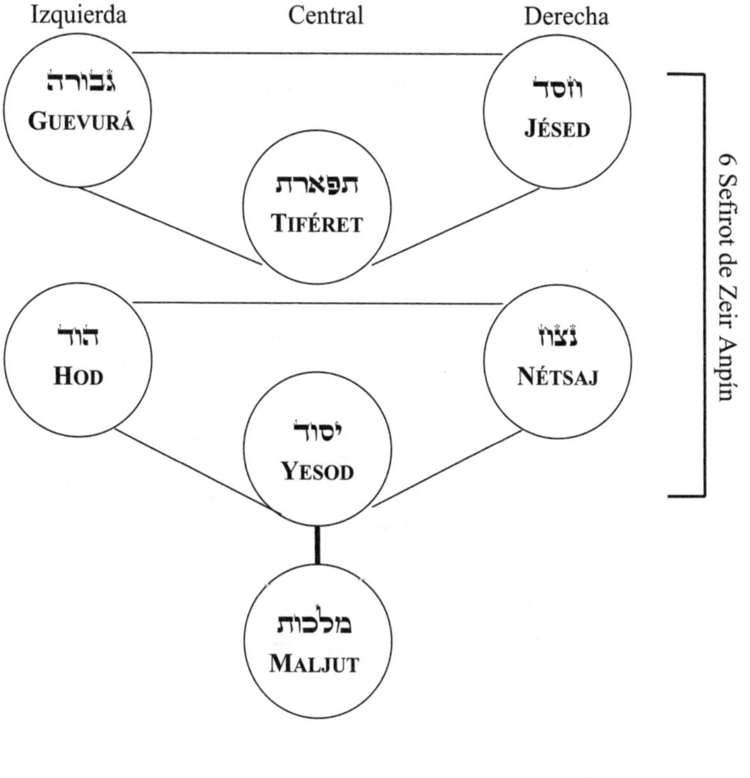

Para ocultarnos el brillo de la Luz del Infinito, se colocaron una serie de cortinas. Se usaron diez "cortinas" para ocultar la Luz.
Cada cortina sucesiva reduce aún más la emanación de Luz, gradualmente opacando su brillantez a un nivel que es casi imperceptible a nuestros cincos sentidos. El resultado es nuestro oscurecido universo de caos. Ahora tenemos una arena apropiada para jugar el juego de la vida.

Estas 10 cortinas son conocidas como las **10 Sefirot.**

Las 10 Sefirot encierran muchos más elementos que los discutidos aquí. Debido a que este tema puede llenar 24 volúmenes de una enciclopedia, todos los elementos no pueden ser explicados en detalle aquí. Aquí están las características esenciales y atributos de las Diez como ellas se aplican en el mundo en que vivimos.

KÉTER

Kéter, la cual está situada como una Corona en el tope, sobre la columna central, contiene todas las encarnaciones de todas las almas que existen. Engloba a Dios como desconocido y no posible de conocer y está situada justo abajo del Mundo Infinito de Luz ilimitada, tan alejada de la comprensión mortal que su efecto directo sobre nuestras vidas es insignificante.

Sin embargo, Kéter es la inteligencia brillante que canaliza la fuerza de Luz de la Creación al resto de las Sefirot. Funciona como una supercomputadora, conteniendo el inventario total de lo que cada uno de nosotros es, ha sido o será. Como tal, es el génesis no sólo de nuestras vidas en este reino de la tierra, sino de cada pensamiento, idea o inspiración que alguna vez tendremos mientras permanezcamos aquí, todo lo cual nos trae al tema de múltiples vidas, pasadas, presentes y futuras.

La reencarnación, en la cual el alma humana regresa a este reino una y otra vez hasta que sus imperfecciones sean corregidas, es un principio central de la Cabalá.

Este proceso de corrección se llama Tikún. Otras enseñanzas espirituales se refieren al proceso del Tikún como Karma.

El proceso, en el cual el alma es canalizada a través de las Diez Sefirot para que nazca en la porción física de Maljut, empieza en Kéter, y ningún alma se va de allí sin el equipaje que ha acumulado en vidas previas.

A diferencia de los vuelos ocasionales a bordo de la mayoría de las aerolíneas en los cuales usted termina en Nueva York mientras su equipaje va a Bangkok, el equipaje del Tikún siempre llega a su destino correcto. No podría perderlo en tránsito aún si así lo quisiera, porque el único propósito de su viaje aquí es dejarlo aquí cuando de nuevo sea el momento de pasar a través de la puerta ilusoria llamada muerte. La mayoría de las almas pueden perder sus cargas autoimpuestas de deuda de Tikún sólo a través de repetidos viajes a este plano de existencia.

La Luz de Kéter tiene un largo camino que recorrer antes de alcanzarnos. Está tan lejos del reino físico en el cual vivimos como lo está el primer pensamiento de un arquitecto del edificio que finalmente creará.

Kéter es el origen de todo, pero sólo en potencial indefinido. El resto de las Sefirot son necesarias para convertir ese potencial en algo que nosotros podemos percibir como realidad, y la primera en recibir el poder que fluye aparte de Kéter es…

JOJMÁ

Jojmá, en el tope de la columna derecha, es el primer almacén que contiene toda la Sabiduría en el universo. Jojmá representa el comienzo del Zodíaco. Contiene la totalidad de la Luz y su sitio es el de la figura del padre universal. Pero la Sabiduría, contemplada pasivamente sola en un depósito, no tiene valor en ningún plano de la existencia.

Para ser de uso, ella debe estar inventariada, embarcada y enviada a quienes la necesitan. Para lograr eso, Jojmá requiere conexión con su correspondiente figura materna, la cual es...

BINÁ

Biná, en el tope de la columna izquierda, representa el Entendimiento.
Biná es una central de fuerza de energía cósmica. De hecho, aún cuando Jojmá encierra toda la sabiduría, Biná contiene toda la energía, desde aquella que motiva el esfuerzo humano y hala las mareas terrestres hasta la que mantiene las galaxias girando y las estrellas ardiendo. Cuando un pensamiento debe manifestarse en una acción, Jojmá y Biná se encuentran, combinan sus energías y transforman la información cruda en conocimiento.

En otras palabras, Jojmá puede ser comparada con un ser simple que lleva una enciclopedia en su espalda. La posesión de la enciclopedia no hace al hombre inteligente. Biná incorpora el contenido para que esa información se convierta en conocimiento y parte de la persona.

JÉSED

Jésed, la más expansiva de las Sefirot, representando a la Misericordia, está situada bajo Jojmá en la columna derecha. Jésed representando pura energía positiva, sostiene la semilla todavía indistinta de todo lo que ha tenido lugar entre Jojmá y Biná, y debido a que representa el total Deseo de Compartir, puede ser exageradamente generosa.

Todos hemos visto a Jésed volverse frenética. Es el ultraliberal que llora más por el criminal que por su víctima; es el hombre pobre que gana la lotería y entrega cada centavo de su nueva fortuna para caridad, dejando a su propia familia desamparada. Sin restricción, Jésed da hasta que le duele *casi a todos*.

Afortunadamente, Jésed tiene una contrapartida que la balancea, justo al cruzar la calle, en la columna izquierda, justo bajo Biná. Es llamada...

GUEVURÁ

Guevurá es conocida como Juicio. Mientras Jésed entrega exageradamente casi todo, Guevurá es miserable. Donde Jésed expande, Guevurá contrae.

Donde Jésed dice, "Compartir," Guevurá dice "¿Qué hay para mí?"

Donde Jésed celebra el heroísmo, Guevurá es un disciplinario con miedo vigilando sobre sus hombros.

Guevurá, frenética, sin el balance de Jésed, se convierte en la tiranía de un estado policíaco. Pero así como la Sabiduría de Jojmá no puede manifestarse sin la energía y entendimiento de Biná, tampoco la semilla indefinida que yace en Jésed puede convertirse en un árbol definido sin la mano dura de Guevurá.

Eso que Jojmá y Biná han puesto juntos y traspasado a Jésed, Guevurá lo diferencia, lo cual es el comienzo de la fisicalidad. Este proceso no es tan complicado como puede parecer a primera vista.

TIFÉRET

Tiféret, representando la Belleza, descansa abajo de Kéter en la columna central y abajo de Jésed y Guevurá a la derecha y a la izquierda. Tiféret es Belleza porque algo bello, bien sea un atardecer, una flor, un poema o la mente humana, debe combinar sabiduría [Jojmá], entendimiento [Biná] y la luminosidad de la Luz para existir como tal.

Tiféret es también belleza porque es el punto de balance entre la columna derecha e izquierda y sin la simetría del balance, no puede haber belleza. Tiféret, por eso contiene todos los aspectos del mundo en el cual vivimos. Tiféret nos enseña cuándo compartir y cuándo recibir. Tiféret representa ese balance elusivo entre juicio y misericordia que permite a un padre disciplinar a sus hijos con amor en lugar que con rabia reactiva.

NÉTSAJ

Nétsaj, o Victoria, reside en la columna derecha, justo bajo Jésed. Depósito y almacén de la energía positiva de Jésed, Nétsaj irradia el *Deseo de Compartir* y se convierte en el canal de esa energía cuando empieza a acercarse al mundo físico en el cual vivimos.

Es, brevemente, análoga al espermatozoide que, en unión con el óvulo, crea el ser humano individual. Nétsaj también representa eternidad y procesos involuntarios y es representativa del cerebro derecho donde tienen lugar los procesos creativos. Nétsaj es el artista, el poeta, el músico, el soñador y el principio fertilizador masculino.

Su contrapartida femenina, directamente enfrente en la columna izquierda es…

HOD

Hod representa la Gloria. Hod, análoga al óvulo en la concepción humana, comienza la materialización de aquello que fue mantenido de forma potencial en Jésed/Nétsaj, igual como la mujer da a luz a lo que ha sido concebido en conjunción con el principio masculino fertilizador. Hod también controla los procesos voluntarios y actividades del cerebro izquierdo, canalizando la utilidad de Guevurá a la psique humana. Así como Nétsaj es el artista, Hod es el científico, el lógico, el fenómeno matemático y el formal Contador Público Certificado.

YESOD

Yesod, o Fundamento, reside como un gran depósito en la base de las Diez. Todas las Sefirot de arriba, vierten su intelecto y sus atributos en su vasto recipiente donde son mezcladas, balanceadas y están listas para transferencia en una radiación tan brillante que ningún mortal podría sobrevivir en su presencia. Metafóricamente hablando, Yesod es un camión de cemento que reúne todas las materias primas incluyendo el agua y la arena, los mezcla todos y vierte una mezcla húmeda que se solidificará eventualmente y endurecerá en el cemento que es nuestro universo físico, conocido de otro modo como …

MALJUT

Maljut, el Reino, contiene el mundo de la fisicalidad.

Es aquí donde la revelada mezcla de cemento se endurece como una roca y toma forma y estructura física. Es la única de las Sefirot en donde parece existir la materia física, en un minúsculo porcentaje del todo. Y es aquí que en donde una divergencia en la actitud humana marca la diferencia entre vidas individuales vividas en la Luz y aquellas vividas en la oscuridad.

EL SEIS

Los antiguos cabalistas explican que de las 10 dimensiones anteriores, 6 en particular [Jésed, Guevurá, Tiféret, Nétsaj, Hod y Yesod] están íntimamente ligadas una con la otra, compactándose en una dimensión acumulativa conocida como Zeir Anpín.

CIENCIA, CABALÁ Y SUPERCUERDAS

Interesantemente, los físicos del siglo 20 revelaron una vista extrañamente similar de nuestro universo con el advenimiento de la Teoría de la Supercuerda. La Teoría de la Supercuerda es un intento de unificación de la teoría de la relatividad de Einstein con los quantums mecánicos. De acuerdo a la teoría, todas las partículas subatómicas son en realidad diferente resonancia de diminutas supercuerdas vibrando, de la misma manera que las diferentes notas musicales pueden emanar de una simple cuerda de guitarra.

La teoría de la Supercuerda sostiene además que nuestro universo debe contener 10 dimensiones en orden para conciliarse con la teoría de la relatividad de Einstein y por lo tanto, explicar la fuerza de gravedad. Los antiguos cabalistas revelaron una vista del universo similar de 10 dimensiones como 4000 años atrás.

La similitud es intensificada con respecto a las seis Sefirot que están agrupadas en el dominio único llamado Zeir Anpín. El teorico de la Supercuerda Michio Kaku escribió en el diario New Scientist:

> *"El Universo es una sinfonía de cuerdas vibrando. Y cuando las cuerdas se mueven en el espacio-tiempo de 10 dimensiones, ellas alabean el espacio-tiempo alrededor de ellas precisamente en la manera predicha por la relatividad general."*

Los físicos recuperan nuestro más familiar Universo 4-dimensional asumiendo que, durante el big bang, 6 de las 10 dimensiones se enrollaron (o "compactaron") en una minúscula bola, mientras las cuatro restantes se expandieron explosivamente, dándonos el Universo que vemos.

Los científicos modernos y los antiguos cabalistas coinciden en que la realidad existe en 10 dimensiones y que las 6 dimensiones están estrechamente compactadas.